HUMAN DECODER

70 cartes et un livre pour améliorer
votre intelligence relationnelle

Illustré par Anne-Flore Cabouat.

ISBN : 978-2-7029-1972-9

www.editions-tredaniel.com
info@guytredaniel.fr
www.facebook.com/editions.tredaniel
@le_courrier_du_livre

Élodie Mielczareck
Illustré par Anne-Flore Cabouat

HUMAN **DECODER**

70 cartes et un livre pour améliorer votre intelligence relationnelle

LE COURRIER DU LIVRE
27, rue des Grands-Augustins
75006 Paris

SOMMAIRE

FAMILLE II – Cartes Stratégies 65

Famille III – Cartes Gestes 123

INTRODUCTION

À la rencontre des autres et de vous-même

Vous trouverez dans ce livre tout ce que vous devez connaître des archétypes présents dans les relations sociales, les clefs pour améliorer votre intelligence relationnelle et votre capacité de négociation, mais aussi la signification des items observables sur le corps de votre interlocuteur. Plus qu'un dictionnaire de gestes donc, cet ensemble de cartes a été conçu pour vous transmettre les connaissances liées à nos comportements et attitudes. Un geste seul n'est rien : il ne signifie que dans l'échange et dans l'interaction.

Fascinée depuis toujours par les comportements de mes alter ego, il m'a semblé que je pouvais revisiter de manière ludique le contenu de mes deux ouvrages *Déjouez les manipulateurs*, 2016, et *La Stratégie du caméléon*, 2019. En effet, les formes graphiques des cartes, plus ou moins abstraites, ont été réalisées avec une intention particulière : entrer en résonance (et raisonnance) avec les questions que vous vous posez. Chaque carte met en scène une grammaire codifiée, repérable par des codes couleurs et formes spécifiques, qu'il n'est pas nécessaire pour vous d'apprendre, ni même de conscientiser... Ces symboles uniques sont la synthèse d'un aspect conscient et inconscient. Comme le rappelle la psychologue Mireille Rosselet-Capt, le symbole « ne se laisse jamais totalement saisir ni mettre en cage ». C'est ce qui lui donne toute sa saveur. Laissez-vous donc guider par ces deux voies : la première plus littéraire et rationnelle, la seconde plus visuelle et symbolique. Je remercie Anne-Flore qui a réalisé ce travail graphique, autre voix du coffret que vous tenez entre les mains.

Composition

Ce coffret est composé de 70 cartes au total. Chaque carte est numérotée pour que vous puissiez naviguer aisément dans ce livre. Et chaque explication de carte se déroule en trois étapes complémentaires, vous permettant de partir à la découverte des autres... et de vous-même :

1- La signification de cette carte. Le plus souvent cette partie est étayée scientifiquement avec des références diverses, allant des neurosciences à la psychologie sociale. C'est la signification de la carte dans l'absolu, c'est-à-dire de manière plutôt théorique.

2- La signification de cette carte dans votre tirage. Cette partie comprend un certain nombre de questions qui vous sont posées. Il s'agit de comprendre pourquoi vous tirez cette carte à ce moment T0 de votre vie.

3- Votre rapport à l'autre. Cette dernière partie aborde davantage les réponses liées à votre interaction sociale et relationnelle. Souvent rédigée de manière à ce que vous puissiez mettre facilement en action le contenu de la carte lors de vos prochains échanges.

La roue des archétypes

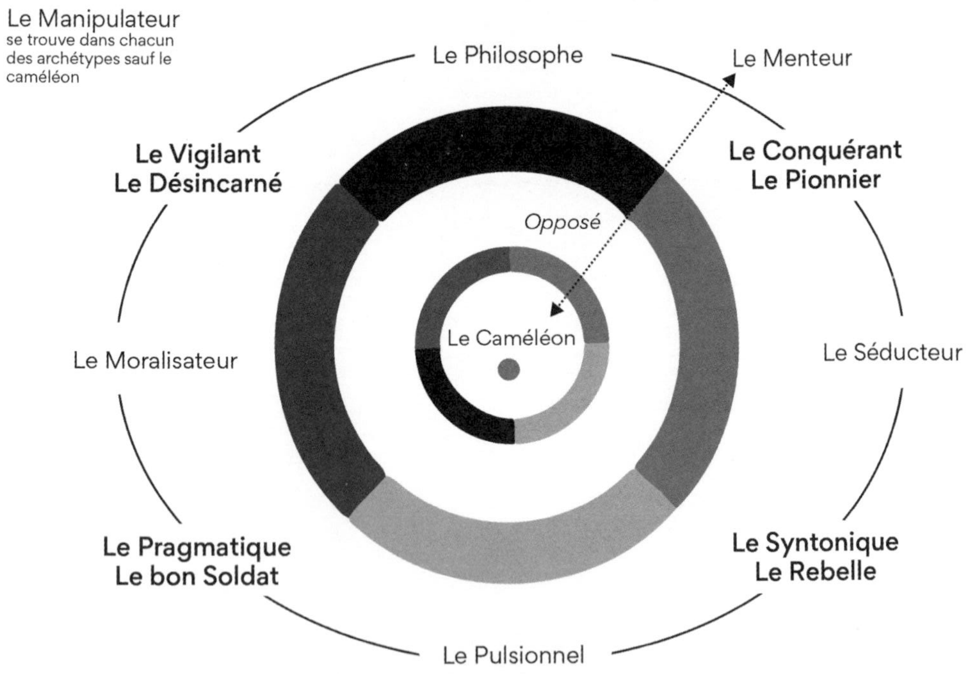

Les 4 familles de cartes sont complémentaires :

La famille « Archétypes » : 15 cartes pour représenter les principales figures observables dans le champ des interactions humaines. Ces formes fixes et archétypales correspondent à des postures interactionnelles et à des contenus de personnalités.

La famille « Stratégies » : 19 cartes pour apprendre les principes de base de la négociation et de la gestion interpersonnelle. C'est un état des lieux de toutes les astuces possibles pour solliciter votre néocortex, partie la plus adaptable et assertive de votre cerveau.

La famille « Gestes » : 23 cartes sous la forme d'un répertoire gestuel complet. Il aborde les expressions corporelles les plus pertinentes, du haut de la tête jusqu'aux pieds. Cette famille est volontairement étayée par de nombreuses références scientifiques très récentes.

La famille « Mythologies » : 13 cartes pour revisiter les mythologies contemporaines associées au « body language ». Ce sont le plus souvent des idées reçues qu'il convient de déconstruire afin d'aborder la dynamique relationnelle plus sereinement.

La synchronicité dans votre tirage

Pourquoi un tirage au hasard n'est-il pas si hasardeux ? La synchronicité se définit comme la coïncidence entre l'état psychique de l'observateur avec un événement extérieur, sans lien causal entre ces deux événements. Cette approche, impulsée par Carl Gustav Jung, trouve des explications rationnelles et scientifiques dans les résultats des expériences en physique quantique. À ce titre, les derniers ouvrages du scientifique Philippe Guillemant sont passionnants. Ses travaux sur l'intuition et la conception du temps reforgent toutes nos idées sur ces thématiques.

Lors d'un tirage de carte, le postulat est donc le suivant : une partie de vous-même, plus inconsciente, ouverte aux informations environnantes, et créative, vous communique un message à travers la carte piochée. Selon le botaniste Romuald Leterrier, le hasard n'existe pas. Il définit les processus aléatoires comme le support d'une conscience en transit hors de l'espace-temps. Renouant ainsi avec la vision d'un Albert Einstein : « Le hasard, c'est Dieu qui se balade incognito. »

À travers le hasard, c'est votre « âme » ou « enfant intérieur » ou « Soi profond » qui s'exprime. Pour d'autres encore, l'intuition est une capacité de notre cerveau, développée pour trouver une solution nouvelle face à un programme préétabli ou une situation répétitive. Quoi qu'il en soit, votre cerveau est un excellent capteur d'informations sensorielles même si vous ne vous en rendez pas compte. Alors, laissez-vous guider.

Les modalités de tirage

Tous les tirages envisagés par votre créativité sont pertinents. En ce qui me concerne, j'utilise souvent le tirage unique lorsque je me pose une question précise. Ce tirage est rapide et focalisé. Il vous suffit de vous poser une question à vous-même et de voir la réponse surgir à travers la carte que vous aurez choisie « au hasard ». Parfois même, je tire une carte sans intention particulière, juste en état d'accueil. D'ailleurs, la psychologue Philippa Lally a récemment démontré qu'un changement comportemental devenait une habitude au bout de deux mois. Ce coffret comprend 70 cartes. Vous pouvez donc en tirer une par jour afin de voir votre potentiel de négociateur en pleine croissance.

Si vous souhaitez obtenir davantage d'informations, vous pouvez également vous orienter vers le tirage en croix. Pour cela, il vous suffit de tirer 5 cartes disposées de la manière suivante, en pensant à la situation que vous traversez :

la carte à l'est n°1 représente le point de départ : c'est la figure du héros qui part à l'aventure en toute insouciance. Ce sont aussi tous les préjugés et la connaissance du monde qui vont être amenés à « bouger » ;

la carte à l'ouest n°2 représente une tendance : c'est l'objet de la quête qui vous motive, ce vers quoi vous vous dirigez ;

la carte au nord n°3 représente un conseil ou une aide : c'est la carte de l'adjuvant ou du facilitateur qui s'exprime ;

la carte au sud n°4 représente simultanément ce qu'il vous faut « lâcher » et donc l'action immédiate à mettre en œuvre ;

la carte n°5 est la carte à la coupe, positionnée en dessous de votre paquet lorsque vous avez tiré : c'est ce qu'il est important pour vous de savoir.

Enfin, sachez que j'avais en tête les règles de l'écriture inclusive lors de la rédaction des cartes et du livre mais je ne les ai pas mises en pratique pour faciliter votre lecture. Les cartes se lisent donc à la fois au masculin et au féminin. J'avais également en tête un postulat fort dans les sciences : l'œil de l'observateur modifie les données observées. Autrement dit, ce contenu est aussi ma carte du monde, une vision de la réalité parmi tant d'autres. Il s'agit donc moins de la vérité que d'une expérience à vivre. J'ai conçu ce coffret comme celui que j'aurais aimé avoir. J'espère que vous prendrez autant de plaisir à l'utiliser que nous en avons eu à le concevoir. Vous voici prêt à découvrir tous les rouages invisibles de nos comportements humains. Une aventure extraordinaire.

FAMILLE I
CARTES ARCHÉTYPES

1. Le Conquérant

Signification de cette carte

Compétiteur dans l'âme, le Conquérant est motivé par l'exploration d'autres territoires. Il est dans une quête insatiable de découvertes et de nouveautés. Le changement est une source d'inspiration et un prétexte pour s'adapter à de nouveaux horizons. Téméraire, le Conquérant prend parfois des risques inutiles, pourvu que les choses avancent ! Le plus souvent sûr de lui, confiant en ses capacités, le Conquérant sait s'affirmer. Dans sa face plus sombre, le Conquérant peut se montrer impatient, voire arrogant. Il ne voit que par ses intérêts, sans ménager les autres. Il peut ainsi se montrer autoritaire, sa phrase préférée devient alors : « Le roi a dit nous voulons. » Mais derrière ce besoin de reconnaissance se cache une peur : celle de ne pas « être à la hauteur ».

Signification de cette carte dans votre tirage

Admettez-vous vous reconnaître dans cette figure du Conquérant ? Ou bien vous laissez-vous emprisonner par le « politiquement correct » ? Ni bon ni mauvais en soi, le Conquérant nous montre la voie de l'assertivité : oser s'affirmer et assumer qui l'on est, sans se soucier du « qu'en-dira-t-on ». Vous souvenez-vous de la dernière fois où vous avez ressenti cette force et la joie de laisser cette créativité s'exprimer dans vos projets ? Si vous êtes Conquérant, naturellement votre détermination impressionne, votre personnalité rayonne ! Cette carte dans votre tirage vous encourage peut-être à oser davantage, à exprimer publiquement vos points de vue et à les assumer, sans craindre de retour de bâton. Foncez tête baissée : il est parfois plus prudent d'agir que de ne rien faire.

Votre rapport à l'autre

Le Conquérant est de loin la figure la plus difficile à gérer d'un point de vue relationnel... Trop envahissant, trop écrasant, difficile de le rembarrer quand il a décidé quelque chose. Avec ses gestes en hauteur, son corps qui occupe tout l'espace, sa voix qui porte, son menton légèrement relevé, pas toujours simple de trouver une place à ses côtés... D'ailleurs, vous remarquerez qu'il vous coupe la parole, même sans s'en apercevoir. Si vous devez « gérer » ce genre de personnalité dans votre entourage, sachez qu'il existe un moyen imparable : le silence. Face à un Conquérant, il s'agit de ne pas tomber dans le piège de la justification, car il saute sur les perches qu'on lui tend. Donc on reste ferme sur son objectif, sans rentrer dans les détails.

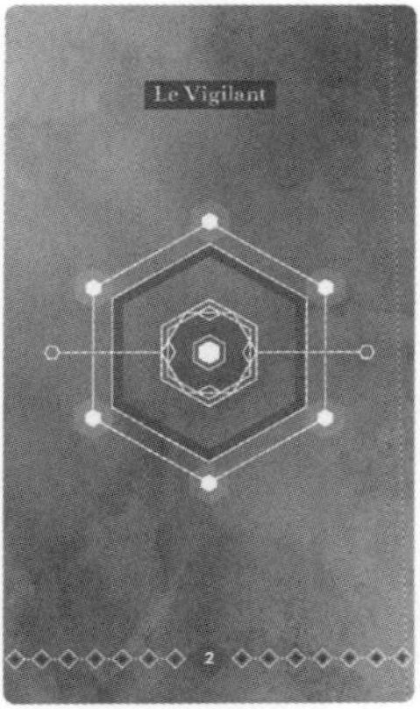

2. Le Vigilant

Signification de cette carte

Le Vigilant est un loup solitaire par nature. Il affectionne les moments où il est seul, cela lui permet de se ressourcer et de prendre du recul et de la hauteur. Très bon observateur, le Vigilant se nourrit dans les activités de modélisation et de décryptage. Il aime raisonner pour comprendre son environnement. Sa capacité de discernement est exceptionnelle. Mais son manque de communication le rend parfois « illisible » : difficile de savoir ce qu'il pense... Dans sa face la plus sombre, le Vigilant peut se montrer sceptique, voire cassant. Il a une tendance forte à la « paranoïa » : le monde extérieur lui devient ainsi étranger, mystérieux et source d'angoisses. Il a tendance très naturellement à s'enfermer seul dans sa tour d'ivoire. Mais, derrière ce besoin d'autonomie et de distance, se cache une peur : celle de la dépendance.

Signification de cette carte dans votre tirage

Vous reconnaissez-vous dans cette description ? Acceptez-vous d'extérioriser vos émotions, ou bien considérez-vous que c'est une faiblesse ? Il est sans doute naturel pour vous de prendre vos distances. Mais vous ne rendez pas service à votre entourage... Attendez-vous d'eux qu'ils deviennent des médiums ? Si vous ne leur dites rien, comment peuvent-ils savoir à quoi s'attendre ? Mais vous avez raison sur un point : le silence est d'or. Peut-être que cette carte dans votre tirage vient vous conforter dans une prise de distance salutaire. Prendre de la hauteur, loin des affects et des émotions inhérentes à toute situation est une très belle qualité. Pour autant, mettre de la distance ne signifie pas « ne pas vivre ». Autrement dit, se laisser traverser par les émotions, c'est accepter leur mouvement, tout en permettant qu'elles ne soient que passagères.

Votre rapport à l'autre

De nature introvertie, le Vigilant peut impressionner par son manque de communication. C'est le « sémiotype » qui fait le moins de mouvement.

Il bouge très peu. Comment réagissez-vous face à une personne peu expressive ? Est-ce que cela vous met mal à l'aise ? Savez-vous respecter la « bonne » distance, ou en tous les cas, la distance nécessaire à l'épanouissement d'une relation saine ? Si vous êtes amené à collaborer avec un Vigilant, cette approche se révèle particulièrement efficace : la stratégie anti-Big Brother, c'est-à-dire laisser le temps et l'espace nécessaires. Surtout, n'exigez pas l'expression d'émotions, le dévoilement des intentions, ne forcez pas l'engagement. Pour faciliter la prise de parole, vous pouvez l'inviter à s'exprimer en premier.

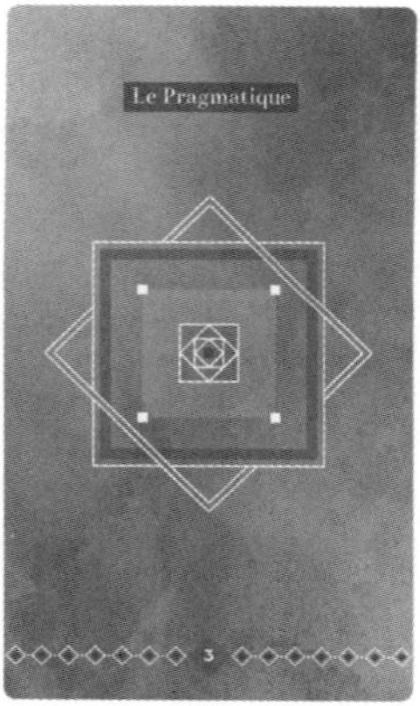

3. Le Pragmatique

Signification de cette carte

Bâtisseur dans l'âme, le Pragmatique est ancré dans le réel. Il se soucie du bon déroulement des événements. C'est pour cela qu'il aime prévoir et anticiper. Attaché au « bel ouvrage », le Pragmatique peut se montrer tatillon, voire perfectionniste. C'est pour cela qu'il a du mal à déléguer... Ce qui le motive par-dessus tout : réguler et organiser son environnement. Cette dimension procédurière peut parfois lui ôter une dimension « humaine » ou « chaleureuse ». Et pourtant, il agit le plus souvent dans l'intérêt du collectif. Dans sa face sombre, le Pragmatique est un obsessionnel compulsif buté et entêté. Il n'a que le mot « règlement » à la bouche. Derrière ce besoin de contrôle se cache une peur : celle du changement et de l'inconnu.

Signification de cette carte dans votre tirage

Auriez-vous tendance à un peu trop noircir le tableau ? Votre peur du changement vous fait-elle toujours envisager le pire ? Votre obsession de tout rendre « carré » vous a-t-elle nui personnellement ou bien a-t-elle eu un impact sur vos relations ? Cette carte vous invite à vous reconnecter à la face positive du Pragmatique : sa nature fiable et solide. Vous êtes un roc. Acceptez les crues et décrues, parfois imprévisibles. La persévérance est une qualité quand elle vous nourrit. Comment faire avancer vos projets si vous n'êtes pas en lien avec la réalité qui vous entoure ? Être terre à terre, ça a aussi du bon !

Votre rapport à l'autre

Avez-vous l'impression qu'une personne de votre entourage vous coupe les ailes ? Le Pragmatique, par défaut d'imagination, peut souvent briser, sans s'en rendre compte, les premiers élans créatifs. Vous trouvez que votre interlocuteur avance façon « petit joueur » ? Qu'il est trop prévisible ? Qu'il manque d'ambition ? Le Pragmatique se repère facilement : il est celui qui utilise le plus ses mains et ses bras comme barrière de protection. C'est le plus kinésique de tous les sémiotypes.

Pour améliorer la qualité relationnelle avec un Pragmatique, optez pour la stratégie du confident. Un Pragmatique a seulement besoin d'être rassuré sur la manière dont vont se dérouler les choses. Rendez l'inconnu reconnaissable : soyez le plus simple et le plus concret possible. Avec lui, avancez par étapes.

4. Le Syntonique

Signification de cette carte

Le Syntonique adore évoluer en meute ! De nature joviale et empathique, les relations humaines ont peu de secrets pour lui : véritable détecteur d'intentions, il « sent » les personnes. Pour lui, les contacts humains sont le sel de la vie. C'est ce qui guide tous ses projets. À première vue très abordable et concerné, le Syntonique est enthousiaste, quelles que soient les conditions. Passionné par les groupes humains, le Syntonique cherche souvent à fédérer autour de lui, c'est pour cette raison qu'il ne peut s'empêcher d'intervenir lorsqu'il y a un conflit entre des personnes... Seul point noir : il est capable de vous mentir ou de vous dire « oui » pour vous faire plaisir. Derrière ce comportement, une peur sous-jacente : l'abandon et la séparation.

Signification de cette carte dans votre tirage

Êtes-vous à l'aise avec les personnes que vous connaissez peu ? Mettez-vous une distance non nécessaire ? Un conformisme mal placé ? Qu'est-ce qui vous empêche de briser la glace en premier ? Cette carte dans votre tirage vous indique sans doute que vous pouvez continuer à avancer et évoluer sans avoir peur du « qu'en-dira-t-on ? ». Laissez-vous guider par la vibration du Syntonique, qui sait être à l'écoute de ses émotions et de son « tableau de bord » interne. Cette carte dans votre tirage vous rappelle que les autres êtres humains, présents sur votre chemin, ne sont qu'un miroir d'une partie de vous-même. S'ils vous agacent, c'est sans doute pour vous montrer la voie de ce que vous n'avez pas encore résolu intérieurement...

Votre rapport à l'autre

Le Syntonique est le sémiotype qui gesticule le plus. Son corps peut paraître « avachi » tellement il oriente et adapte son buste en fonction de son interlocuteur. Une personne très expressive, cela peut être déroutant, et surtout très chronophage... Si vous avez dans votre entourage un ou plusieurs Syntoniques, pas de panique. D'un point de vue verbal, il vous suffit de cadrer le temps en amont de la conversation (« j'ai dix minutes devant moi, c'est OK pour toi ? », « j'ai un autre rendez-vous qui commence dans trente minutes, mais en attendant je suis avec toi »). Du point de vue du non-verbal, désynchronisez-vous : il a les bras ouverts ? Fermez les vôtres. Il sourit énormément ? Restez concentré. Cette stratégie comportementale non visible lui transmettra un message sans qu'il se sente remis en cause, ou blessé.

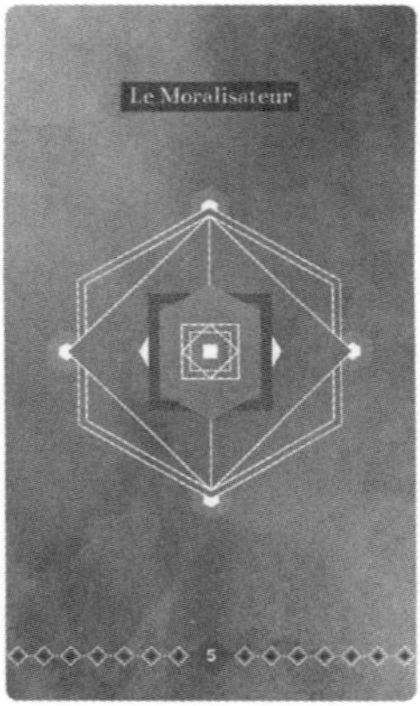

5. Le Moralisateur

Signification de cette carte

Au croisement du Vigilant et du Pragmatique, le Moralisateur est celui qui est rattaché à l'univers de la sanction. « Droit dans ses bottes » et dans son corps, il fait souvent preuve de rigidité en appliquant des lois très cartésiennes. Mais il peut également représenter une dimension plus humaine, celle du justicier. Il devient moralisateur lorsqu'il pense que la vie ne se résume qu'à un côté ou un point de vue : le sien. Ou bien lorsqu'il se représente les événements de manière duale : le blanc, le noir. En oubliant toutes les nuances de gris... Cet archétype parle bien de cadres et d'encadrement, de règles et de principes à respecter.

C'est un socle solide, une base fiable faite de références écrites dans le marbre : l'immobilisme rassure mais il peut empêcher la nouveauté.

Signification de cette carte dans votre tirage

Cette carte dans votre tirage peut signifier deux choses contradictoires. Soit elle vous invite à apprécier le conformisme. Peut-être avez-vous besoin en ce moment de faire une pause dans le mouvement ? De vous enfermer dans vos livres, de vous référer à ce qui vous semble juste pour vous ? De comprendre sur quels tableaux de loi vous grandissez ? Les vôtres ? Ceux de vos parents ? Comment vous positionnez-vous ? À l'inverse, cette carte vous signifie peut-être que vous êtes encore une fois en train de « monter sur vos grands chevaux », ce qui est souvent une perte d'énergie, simplement destinée à consolider votre théâtre extérieur. C'est lorsque l'on devient dogmatique que les valeurs perdent tout leur sens... n'est-ce pas ?

Votre rapport à l'autre

Avoir un juge ou un moraliste en face de soi, pas toujours simple. Mais facilement repérable avec des tournures de phrases très désincarnées du type « YAKAFOKON ». Le champ du devoir est également très présent. Et la rigidité visible sur le corps et dans la tonalité de la voix, teintée d'autoritarisme. Sans doute que votre vis-à-vis serait un peu soulagé si vous l'ameniez en douceur vers un peu plus de souplesse personnelle : le juge est celui qui tranche le Bien d'un côté, le Mal de l'autre. Peut-être pourriez-vous m'amener à considérer d'autres réalités, complémentaires à cette opposition purement binaire ? « Faire sa loi » n'est-ce pas accepter un parti pris, en conscience de tous les autres points de vue possibles ?

6. Le Séducteur

Signification de cette carte

À la rencontre du Syntonique et du Conquérant, le Séducteur sait se rendre attractif aux yeux des autres. On pourrait également l'appeler « stratège » : il sait jouer de ses charmes et de sa persuasion pour parvenir à ses fins, tout en sachant fédérer et réunir autour de lui. Il entraîne dans son sillage et fait passer à l'action dans son aspect le plus positif. Il en profite pour tirer un bénéfice uniquement personnel dans sa dimension la plus négative. Cela peut être un véritable « embelliseur » de réel, une source de lumière, comme un gouffre d'énergies et une perte de temps, car les intentions sont cachées, et parfois contraires. Avec cet archétype, gare aux doubles discours...

Signification de cette carte dans votre tirage

Cette carte dans votre tirage vous confirme votre puissance : vous détenez ce pouvoir d'inspirations et d'influences. En doutez-vous ? Qu'est-ce qui dans votre vie actuelle vous amène à remettre en cause ce postulat ? Mais elle vous met également en garde. En faites-vous des caisses pour vous persuader ou persuader vos interlocuteurs ? Quel degré de persuasion est suffisant pour vous ? Acceptez-vous de laisser aux autres personnes leur libre arbitre ? Vos pouvoirs sont précieux, à vous de doser l'équilibre. Que vous utilisiez trop vos pouvoirs de séduction, ou pas assez, cette carte vous confirme que dans les deux cas, la magie est présente.

Votre rapport à l'autre

Connaissez-vous réellement les intentions de vos interlocuteurs ? J'espère bien que ce coffret vous aide à y voir plus clair, notamment la famille « Gestes », conçue pour vous guider sur ce terrain. En tous les cas, et au-delà de cette question des intentions positives ou négatives de votre entourage, cela signifie que c'est une question qui vous traverse en ce moment : vous aimeriez bien être télépathe ou avoir la clef de l'esprit des autres.

C'est une démarche louable, car nous sommes des êtres humains par essence complexes et multiples. Mais est-ce bien raisonnable de vouloir tout décrypter ? Êtes-vous certain de vouloir découvrir les messages cachés ? Et pourquoi ne vous faites-vous pas déjà confiance alors que vous êtes le fruit de milliers d'années d'évolution ? Votre intuition le sait aussi. Refusez-vous de l'écouter ?

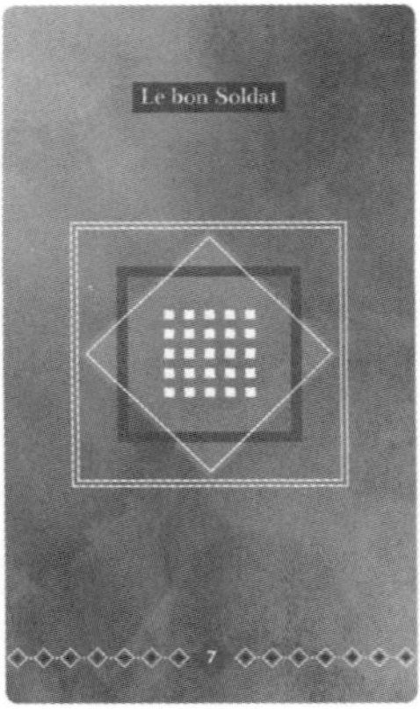

7. Le bon Soldat

Signification de cette carte

C'est la partie servile du Pragmatique. À l'opposé de l'archétype du Rebelle, le bon Soldat exécute les ordres sans les remettre en question. Il prend beaucoup de plaisir à être dans cette relation de loyauté avec un pouvoir hiérarchique supérieur. C'est une posture gratifiante pour lui. C'est lorsque le bon Soldat fait preuve de rigidité et de contrôle qu'il perd la valeur et le sens de sa mission. Sa soumission extrême à l'autorité se transforme en fanatisme : il applique bêtement, prenant au pied de la lettre les injonctions qui lui sont soumises. Il en deviendrait méchant avec celui qui oserait outrepasser le règlement…

Signification de cette carte dans votre tirage

Vous reconnaissez-vous dans cette définition ? Comme les autres archétypes, elle comprend une face d'ombre et de lumière. Au-delà de la dichotomie, cette carte interroge votre rapport à la domination et au pouvoir. Vous laissez-vous embarquer dans cette histoire d'allégeance ? Ou bien avez-vous le recul nécessaire pour comprendre que c'est votre choix ? À l'inverse, vous pourriez être un rebelle dans l'âme, et cette carte serait là pour vous apaiser : il est parfois plus confortable d'être le chien bien nourri et au doux pelage, quitte à avoir une laisse, plutôt que le loup misérable et mort de faim. Même la liberté peut être une prison intérieure.

Votre rapport à l'autre

Vous l'avez sans doute déjà rencontré : pointilleux à l'extrême, références excessives à l'écrit (ou aux textes de loi), refusant toute possibilité de rébellion, chefaillon lorsque ses principes sont remis en cause : voici toutes les facettes du bon Soldat contrôlant. Soit vous vous opposez à lui de manière frontale : « Non, je sors de ce jeu, car je n'en accepte pas les règles », soit vous essayez d'en faire un allié en utilisant exactement le même champ sémantique que lui : celui de la règle et du devoir. En étant plus royaliste que le roi, et en notant et consignant tous vos échanges de manière écrite et visible par tout le groupe, vous vous protégez. Si avec cela vous commencez à en perdre des plumes, c'est qu'il faut peut-être changer d'équipage, non ?

8. Le Rebelle

Signification de cette carte

C'est l'archétype de l'insoumission par excellence. Nourri d'une énergie forte qui refuse l'ordre établi et le compromis, le Rebelle est difficile à cerner tant ses sautes d'humeur sont imprévisibles. La valeur de « liberté » est centrale pour lui. Véritable moteur du changement, le Rebelle peut également se montrer colérique. Prêt à tout pour défendre ses idéaux, il ne manque pas de panache. Obstiné et frustré lorsque sa révolte est stérile, il oublie son enthousiasme salvateur. Le Rebelle indomptable, c'est cette figure du cheval sauvage ou du diamant brut : c'est davantage un état (temporaire) qu'une condition (permanente).

Signification de cette carte dans votre tirage

De manière étonnante, le Rebelle achoppe sur certaines dimensions : toutes les révolutions ne trouvent pas grâce à ses yeux. Certaines sont plus pertinentes que d'autres. C'est sans doute cette indignation à géométrie variable qui peut parfois déstabiliser son entourage. Cette carte dans votre tirage vient vous confirmer que vos choix, même s'ils défient l'autorité, vont finir par payer. Mais cette carte interroge aussi votre rapport au collectif : les valeurs et les convictions que vous défendez sont-elles purement altruistes ? En vrai, que protégez-vous ? Cette carte interroge également votre capacité à absorber la frustration. Vous connaissez l'adage : « Un jour j'irai vivre en Théorie parce que là-bas, tout se passe bien ! » Or, comme le rappelle le psychanalyste français Jacques Lacan, « le réel, c'est quand on se cogne ».

Votre rapport à l'autre

Facilement repérable, le Rebelle peut être double face. Dans sa partie la plus vindicative et assurée, il se rapproche du sémiotype Conquérant, se repère par la fermeté de ses propos et de son corps, le menton est relevé, les joues peuvent également se colorer sous l'effet d'une colère ou d'une injustice soulevée. Mais il peut être plus discret, du genre « passif-agressif », et son opposition ne sera pas tant marquée physiquement que par son absence de comportement... D'ordinaire, il a davantage à voir avec la figure du Syntonique, portée sur le collectif. De manière générale, le Rebelle aime à être reconnu pour les valeurs qu'il défend. C'est sans doute dans cette direction que vous devriez l'amener pour le calmer un peu.

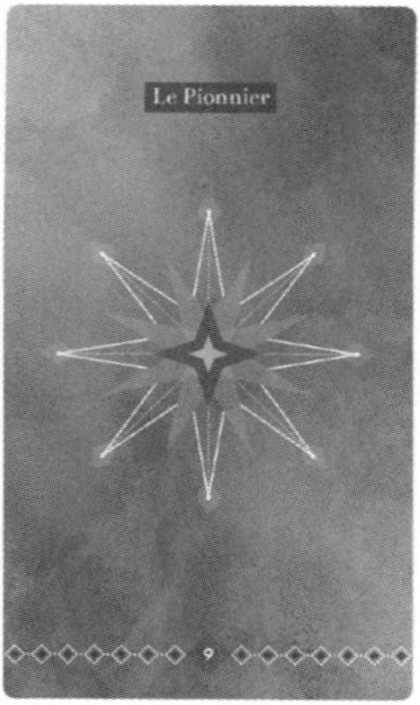

9. Le Pionnier

Signification de cette carte

Face positive du Conquérant, le pionnier est un explorateur qui se met perpétuellement en mouvement. Sa soif d'inconnu est insatiable, l'amenant parfois même aux prises de risques les plus ultimes. Confiant dans la roue de la fortune, l'explorateur en oublie parfois qu'il n'y a rien d'autre à espérer que ce qu'il est au temps présent. Quelle est cette soif insatiable de découvertes ? D'où vient-elle ? Sans doute d'une insatisfaction chronique, d'un refus de la réalité telle qu'elle se présente. Pourtant, les aventuriers ne peuvent-ils jouir, eux aussi, d'un repos bien mérité ? En définitive, le Pionnier se persuade lui-même que la réponse se trouve à l'extérieur de lui, alors que la plus belle aventure réside à l'intérieur de lui-même...

Signification de cette carte dans votre tirage

Le « faire tapis » au poker, cela vous dit quelque chose ? Cet acte oblige les autres joueurs à payer le montant du tapis ou bien à renoncer et à sortir du jeu. Êtes-vous à ce point ce genre de personne pour exiger des autres en leur envoyant des ultimatums ? Parfois la stratégie est gagnante, parfois elle est perdante : la vie n'est-elle pas qu'un jeu ? En avez-vous conscience ou bien prenez-vous les choses bien trop au sérieux ? Cette carte peut aussi vous encourager à prendre des risques, à explorer, tout en acceptant le résultat de cette aventure. Il n'existe aucune garantie : c'est votre seule garantie ! Mais vous avez toujours le choix de comprendre les événements avec la naïveté de l'explorateur qui découvre quelque chose d'inattendu. La vie n'apparaît plus alors comme une succession d'erreurs et d'échecs, mais comme une série de feed-back.

Votre rapport à l'autre

Le Pionnier se reconnaît facilement à travers le lexique qu'il emploie : « nouveau », « demain », « projet », « mouvement », « stratégies », « potentiels ». Son corps exprime également l'enthousiasme et l'excitation (débit de parole rapide, pupille dilatée, gestes d'ampleur...). Comment gérer ce débordement exalté ? Si vous le ramenez vers le concret : vous lui cassez les ailes. Et cela peut être une stratégie volontaire : lui demander de préciser et de concrétiser le ramène illico presto sur terre. En ne faisant rien, vous le laissez dérouler son fil imaginaire : il s'enferme dans un futur non réalisé / réalisable. Le plus subtil, c'est de lui demander de nommer lui-même ses indicateurs de réussite et leurs délais, car il a une fâcheuse tendance à tout reporter au lendemain.

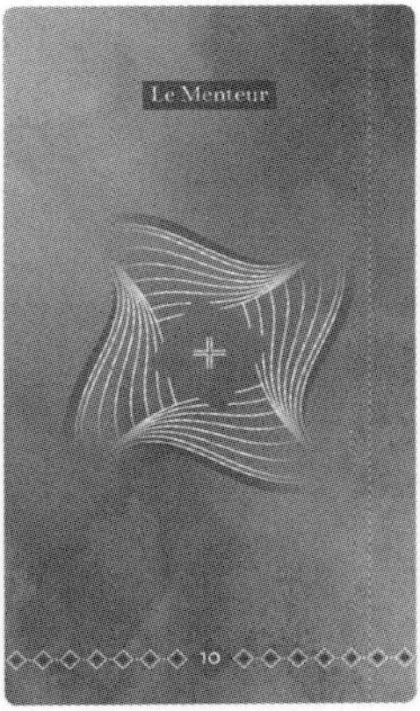

10. Le Menteur

Signification de cette carte

C'est une thématique très en vogue ! Beaucoup de clichés circulent. Les dernières découvertes scientifiques sur le sujet, notamment les travaux de la psychologue Claudine Biland, montrent que : 1- nous mentirions plusieurs fois par jour (une dizaine de fois lorsque l'on compte les mensonges « par omission ») ; 2- certains mensonges sont plus altruistes que d'autres (pour ne pas blesser l'autre, par exemple) ; 3- la capacité à mentir se développe en même temps que la sociabilisation de l'enfant. Le mensonge est au début un « lubrifiant social ». Bien sûr, dans certains cas pathologiques comme la mythomanie, il devient obsessionnel et entache durablement la qualité relationnelle. Le Menteur est donc un indispensable de nos relations sociales, qui deviendraient sans doute infernales sans... Le Menteur a donc une utilité sociale. Le problème est davantage « l'association de malfaiteurs » : lorsque le Menteur est aussi un imposteur, un manipulateur, voire un « connard ».

Signification de cette carte dans votre tirage

Comme pour toutes les cartes Archétypes, les valences positives et négatives cohabitent : le mensonge est parfois salutaire. Pour ne pas blesser les autres, pour se voiler la face soi-même. C'est une utopie de croire que nous pourrions vivre dans la totale transparence et l'authenticité parfaite. Cette carte est là pour vous rassurer : c'est parfois plus confortable de (se) mentir. Et elle vous interroge également : si vous faisiez tomber les masques, que risqueriez-vous de trouver ? Bonne nouvelle : le mensonge existe lorsque l'on a conscience du décalage entre le vrai et le faux. Le plus grave, n'est-ce pas ceux qui, enfermés dans leurs certitudes, ne se rendent même plus compte qu'ils sont dans le mensonge ?

Votre rapport à l'autre

Avez-vous affaire à un Menteur ou à une Menteuse dans votre entourage ? En passant par le biais analytique, les études montrent que nous sommes de mauvais détecteurs. Par exemple, on considère que le regard fuyant est un item coupable, alors même que c'est l'inverse. On considère aussi qu'une personne qui modifie son discours est moins sûre d'elle donc coupable. Encore une fois, c'est plutôt l'inverse qui se produit : un Menteur est certain de son scénario (il l'a beaucoup répété), il minimisera au maximum les contradictions. Concernant le cas du mensonge, il convient donc de vous fier à ce que vous ressentez dans vos tripes, plutôt qu'à ce que vos yeux observent. Enfin, sachez que les études montrent dans la plupart des cas deux types de corps en situation de mensonge : le corps théâtral qui en fait des caisses (le corps est gesticulant, les petits rires sont nombreux et les bruitages également), et le corps parfait qui ne bouge pas (les expressions faciales restent comme figées dans le temps).

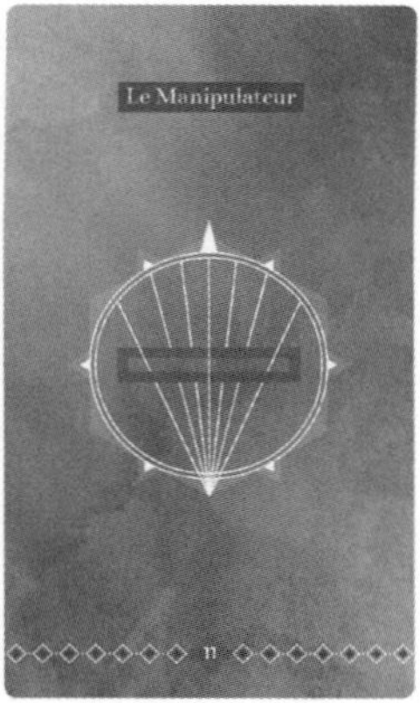

11. Le Manipulateur

Signification de cette carte

Mis à part les cas pathologiques, il est plutôt commun et banal que chacun se perçoive de manière autonome et égocentrée, visant son propre intérêt, nécessaire à sa survie. L'univers tourne autour de notre nombril. Acceptons cette caractéristique intrinsèque. Nous sommes des manipulateurs dès notre plus jeune âge, dès que nous hurlons pour obtenir le sein maternel, peut-être même avant... Par ailleurs, la question de la responsabilité face à un Manipulateur est périlleuse... car la réponse est plutôt désagréable : un Manipulateur n'existe jamais seul ! Il a besoin d'une proie sur laquelle exercer son emprise. Vous acceptez ou non d'être l'objet sur lequel se porte cette attention. Votre posture est donc tout aussi déterminante que celle de votre interlocuteur-manipulateur...

Signification de cette carte dans votre tirage

Cette carte dans votre tirage vient interroger votre rapport à la manipulation : quelle est la situation que vous vivez en ce moment. De quel côté vous situez-vous ? Y a-t-il vraiment un « bon » et un « mauvais » côté ? Qu'est-ce que vous avez accepté pour remplir ce rôle ? Si vous êtes le Manipulateur, il existe au moins deux cas de figure. Dans le premier, vous manipulez l'autre intentionnellement. Dans le second cas, vous le faites de votre plein gré. Certes, le résultat est exactement le même ! Et la question de l'intentionnalité « diminue-t-elle » votre degré d'implication ? Si vous êtes le manipulé, il existe au moins un autre cas de figure dans lequel vous tirez un bénéfice secondaire de cette situation. Lequel ? Le Manipulateur cesse d'exister au moment même où vous refusez d'entrer dans sa danse.

Votre rapport à l'autre

À quoi reconnaît-on un (bon) Manipulateur ? Il adore vous raconter des histoires ! L'écrivain Nancy Huston nous rappelle que cela fait partie de la nature intrinsèque de l'être humain. Et en la matière, le Manipulateur sait vous endormir. C'est un adepte de ce que Claude Lévi-Strauss appelle la « pensée magique » : croire en un lien causal puissant entre un événement et ses conséquences. En effet, il ne suffit pas de dire ou faire quelque chose pour que cela se réalise ! Les hommes politiques en sont pourtant friands. Dans le pire des cas, le Manipulateur va jusqu'à masquer la réalité : les euphémismes ne suffisent plus, la réalité n'est pas seulement cachée ou déformée, elle est carrément contraire à la réalité. Bien sûr, il ne reconnaît jamais les faits, même démontrés ou argumentés.

12. Le Pulsionnel

Signification de cette carte

C'est l'archétype du pouvoir et de l'argent que l'on retrouve dans la carte du Diable du tarot. Le Pulsionnel se laisse porter par sa nature sauvage. Il est question d'attraction, voire de magnétisme. C'est cette figure mythologique de Dionysos qui nous rappelle que l'être humain est incarné dans la matière. Pour le meilleur... et pour le pire. C'est à la fois la figure positive du désir et de l'excitation, celle de la gourmandise qui nous met en mouvement : « mordre la vie à pleines dents ». C'est accepter de jouir de la vie. Et dans le même temps, c'est la figure négative du débordement, du laisser-aller et de la manipulation. En effet, le Pulsionnel sauvage peut aimer avoir un public lors de ses manifestations les plus excentriques.

Signification de cette carte dans votre tirage

Dans un premier temps, cette carte interroge votre rapport à l'insatisfaction chronique, à cette quête « insatiable » à laquelle vous vous identifiez. Dans un second temps, elle vous pose une question : avez-vous remarqué comme l'être humain aime organiser le monde de manière binaire ? Le Bien, le Mal, le beau, le laid, le bon, le mauvais. Et si toutes ces catégories coexistaient en même temps ? Cette carte dans votre tirage vous rappelle qu'il n'est jamais si bon ni si mauvais d'incarner cette figure du Pulsionnel sauvage. Arrêtez de vous culpabiliser : vous êtes à la fois le Beau et le Laid, à la fois le Bien et le Mal. Vous êtes au-delà de ces oppositions. Dit autrement, il serait temps d'arrêter cette insatisfaction chronique qui vous mène d'un bord à l'autre de votre vie : soit trop « nature » et « festif », soit trop « contrôlé » et « cadenassé ». Soyez, point.

Votre rapport à l'autre

Vous le reconnaissez facilement à travers les mots, car son champ lexical est principalement celui de l'émotion et du ressenti. Quand tout va bien, il se rapproche de l'archétype du Syntonique avec une gestuelle extravertie et expansive : ses gestes sont exocentrés, son buste est projectif. Beaucoup d'émotions passent à travers son regard (yeux grands ouverts, cils papillons, voire yeux humides) et son sourire (vrai sourire). Le plus souvent, son regard est orienté vers le bas, comme s'il cherchait à se connecter à ses émotions. En cas de débordements émotionnels, vous pourriez même observer de légers tremblements, des rougissements et de la gesticulation. Dans tous les cas, c'est une figure qui nous touche, car elle est empreinte de sincérité.

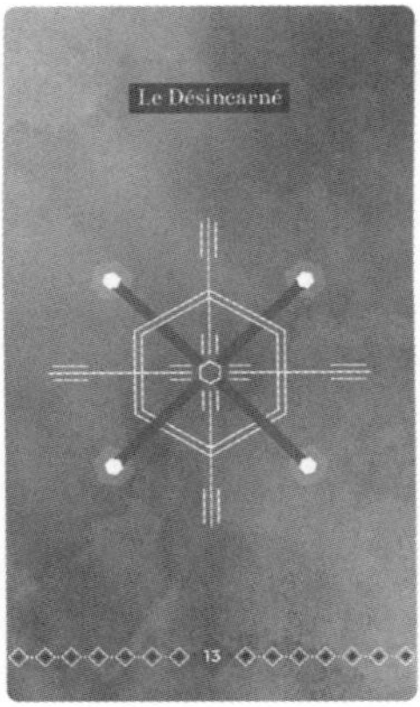

13. Le Désincarné

Signification de cette carte

C'est l'archétype le plus désincarné (peut-être le plus moderne aussi). Aucun engagement à attendre de sa part. Phénomène courant dans nos sociétés aseptisées et modernes, c'est le locuteur qui se cache derrière l'institution ou l'entreprise. C'est un désengagement émotionnel, voire moral, que l'on retrouve aussi bien dans la langue appauvrie de ses pronoms que dans la gestuelle automate. C'est une langue froide et mécanique, peu créative et injonctive. Elle se rapproche de cette parole mythologique dépeinte par Roland Barthes : une langue éloignée de la réalité vécue et qui ne porte aucun horizon de sens.

Simplement présente pour occuper l'espace et faire du bruit. Les discours désincarnés nous coupent d'une partie de nous-mêmes.

Signification de cette carte dans votre tirage

Ni bonne ni mauvaise en soi, cette carte vous rappelle les avantages de se tenir à distance de la vie et des émotions qui la traversent. Et elle vous rappelle dans le même temps les désavantages d'une vie sans épaisseur et réglée mécaniquement. Peut-être que vous ne supportez pas ces paradis de la pensée artificielle ? Cette carte dans votre tirage vous rappelle l'adage bien connu selon lequel « on ne fait pas boire un âne qui n'a pas soif ». Il ne sert à rien de lutter seul contre un système. Percevez plutôt la vie et l'humain dans les interstices du système : c'est là que réside le mouvement. Ne pensez-vous pas ?

Votre rapport à l'autre

D'un point de vue du non-verbal, vous le reconnaissez par certains points en commun avec le Vigilant : rigidité apparente du corps, très peu d'expressivité des émotions, absence de mobilité faciale. Le regard est fixe et dans le vide du monologue récité, très peu de mouvements de manière générale. Les seuls mouvements présents sont mécaniques et répétés (les mains en moulin, par exemple). D'un point de vue verbal, sa langue est dépourvue de pronoms personnels, les tournures impersonnelles (il faut, on, il y a, c'est) pullulent, tout comme les nominalisations et les infinitifs. C'est une manière de se décharger de toute responsabilité. C'est une bonne technique pour annoncer des nouvelles désagréables, et pour ne plus en être l'auteur, l'air de rien.

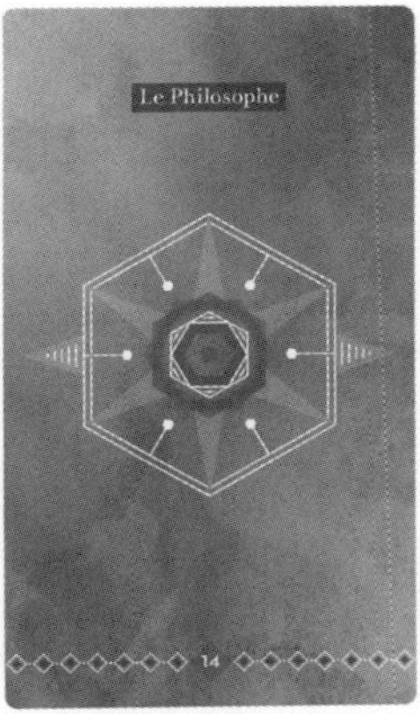

14. Le Philosophe

Signification de cette carte

C'est la carte de la réflexion et de l'intellect. Le Philosophe est amoureux des concepts. Créateur de modélisations et de théories, c'est la figure la plus « éthérée » du jeu. Le Philosophe apparaît souvent perdu dans ses pensées, car son rapport au monde n'est pas direct : il vit ses pensées. Certains diront également de lui qu'il est « perché », tourné vers son univers, ses formules et son imagination. C'est un archétype très individualiste. Son langage peut sembler abscons et jargoneux, en un mot : inaccessible. D'une grande sagesse lorsqu'il est dans ses jours positifs, le Philosophe peut se montrer plus hermétique, dans une quête insatiable de vérité lorsqu'il est dans ses mauvais jours. Parfois le Philosophe ne sait pas, s'il refuse de l'accepter alors il incarne la figure du « Sachant », campé sur ses positions.

Signification de cette carte dans votre tirage

Le Philosophe se rapproche-t-il du Caméléon ? Il partage certains traits d'adaptabilité. La connaissance qu'il a du monde lui permet de relativiser facilement. Mais est-il pour autant authentique ? Bien sûr que non, le Philosophe se sert souvent de son savoir comme d'une barrière pour fuir la « vraie » vie, celle des émotions et du ressenti. C'est pour cela qu'il apparaît comme « perché », car il cherche à tout prix du sens ou une explication, là où il s'agit de vivre et d'être. Cette carte dans votre tirage vous rappelle que la connaissance de Soi, du monde et des autres est un chemin extraordinaire que vous avez bien raison d'emprunter. Sans en oublier toutefois votre incarnation humaine et matérielle.

Votre rapport à l'autre

Le Philosophe se repère facilement par son comportement et son langage. C'est principalement la zone des yeux qui nous renseigne. S'il ne cligne plus des paupières, c'est qu'il est perdu dans ses pensées. En interaction, son corps bouge peu mais ses yeux ont tendance à se diriger vers le haut, comme pour aller rechercher l'information. Dans son discours, les formules désincarnées sont nombreuses. Et s'y ajoutent des concepts, des noms, des dates, des mots jargonneux que vous ne connaîtrez pas. Votre sourire candide, vos acquiescements, voire votre air dubitatif, ne font que renforcer chez lui la posture du maître. Seule l'indifférence pourrait l'obliger à modifier son comportement. Encore que... il s'occupe très bien tout seul.

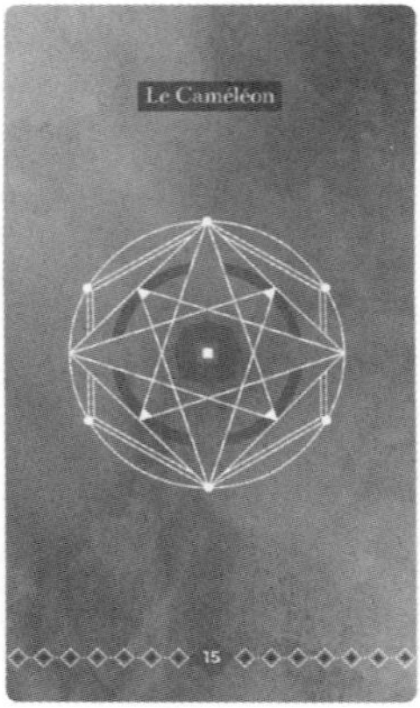

15. Le Caméléon

Signification de cette carte

C'est la carte de l'intelligence relationnelle et émotionnelle : le Caméléon s'adapte à toutes les situations. Ne vous y trompez pas : ce n'est pas parce qu'il change de couleur qu'il n'a pas sa personnalité propre ! Simplement, il connaît les fondamentaux de la négociation et ne se laisse pas enfermer par ses préjugés. Il sait également que le questionnement est la meilleure méthode pour éviter les biais de projection. Et il garde en tête que le réel n'existe pas. Seuls existent des points de vue sur la réalité. Il refuse les propos de l'autre affirmés comme des évidences. Et sait désamorcer rapidement les jeux relationnels implicites et sous-jacents. C'est un archétype idéal (le seul) : il incarne la sincérité. Donc il ne met pas en place des stratégies par « calcul » mais pour dépasser des situations stériles, autant pour lui que pour les autres. Il vise la collaboration.

Signification de cette carte dans votre tirage

Thomas Pesquet est interviewé à propos des enjeux relationnels dans le contexte particulier du voyage spatial. Voici ce qu'il nous dit : « Tout le monde n'a pas le profil pour faire des missions de longue durée. Les gens qui ont un énorme leadership et qui sont, par exemple, un peu "abrasifs", on n'en a plus vraiment dans le corps des astronautes parce que les missions sont de plus en plus longues... D'ailleurs, il va falloir faire sacrément attention au caractère des gens que l'on sélectionne dans le cadre d'un voyage vers Mars (...) parce que le moindre problème peut dégénérer, et ça... on ne peut pas se le permettre ! » Cette carte dans votre tirage vous invite à méditer sur ce retour d'expérience. Comment l'interprétez-vous ? Soyez rassuré, il est impossible d'être un Caméléon cent pour cent du temps. Mais y tendre, n'est-ce pas un beau parcours ?

Votre rapport à l'autre

À quoi reconnaissez-vous un Caméléon ? Résumons. Au niveau du non-verbal, nous pouvons observer : les vrais sourires, les gestes d'auto-contact, le clignement (normal) des paupières, les émotions sincèrement vécues (*versus* les émotions travesties) et la fluidité du mouvement. Au niveau du verbal, les phrases sont directes et dans un style simple : pas de tournures alambiquées, peu de subordonnées, une implication dans le discours (présence de pronoms personnels je/tu/vous). Dans le comportement, le Caméléon est capable de douter de lui-même (*versus* le Conquérant), de se reconnecter à ses émotions (*versus* le Vigilant), de métacommuniquer sur la situation (*versus* le Syntonique), de jouer avec les injonctions (*versus* le Pragmatique).

FAMILLE II
CARTES STRATÉGIES

16. Sortir du triangle victime/bourreau/sauveur

Signification de cette carte

Schéma important issu de l'analyse transactionnelle développée par le psychiatre Éric Berne, le triangle de Karpman (ou encore triangle dramatique) est un jeu relationnel inconscient la plupart du temps. Voici comment il se déroule : une victime se sent persécutée par un bourreau et multiplie les appels à l'aide en attendant qu'un sauveur apparaisse. La limite de ce comportement est la dimension non résolutoire. Le problème reste là : c'est comme mettre un pansement sur une plaie ouverte. La victime reste victime tant qu'elle refuse d'appréhender sa responsabilité dans la part de l'événement. Le sauveur, quant à lui, est dans un besoin frénétique : exister aux yeux d'autrui. Quant au bourreau, il perd ses nerfs. Vous l'avez compris, ce jeu de chaises musicales est une fuite en avant sans fin.

Signification de cette carte dans votre tirage

Que vous vous reconnaissiez davantage dans la figure de la victime, du bourreau (version Conquérante), ou du sauveur (version Syntonique), le point de départ est le même : qu'est-ce qui vous empêche de vous suffire à vous-même ? Chacune de ces trois figures a besoin des autres pour exister. C'est un petit théâtre, au sens où l'entendait le sociologue Erving Goffman, où les jeux de rôles sont rodés. Cette carte dans votre tirage vous rappelle que la posture de l'observation (version Vigilante) est la plus efficace pour ne plus être la marionnette. C'est le miroir orienté vers soi qui neutralise le travestissement. Bien sûr, cela demande du courage, de l'honnêteté et, pourquoi pas, une dose d'humour.

Votre rapport à l'autre

Comment reconnaissez-vous une « victime » ? Les manifestations physiques et physiologiques ressemblent à celles observables dans le stress d'inhibition. Les personnes cherchent plus ou moins consciemment à « disparaître » : leur corps occupe le moins de place possible. Et au niveau du corps, tout « tire » vers le bas : les épaules sont tombantes, le sourire est en U inversé, les yeux sont tournés vers le bas, et le dos peut paraître voûté. Le corps est hypotonique, les mains utilisées comme une barricade protectrice. Le débit de la parole est lent et des trémolos peuvent apparaître dans la voix. Face à ces manifestations, poser sa main sur une épaule, sans parler, peut être une attitude aidante. Car la verbalisation est une pente glissante vers une discussion Sauveur-Victime. Si vous prenez la parole, ne surtout pas « psychologiser ». Enfin, notez que le bourreau peut prendre les expressions corporelles du Conquérant dans ses mauvais jours. Le sauveur se rapproche davantage du Syntonique. Dans tous les cas, il s'agit bien de rôles et non d'incarnations « authentiques » et « caméléonnes ».

17. Toute situation a au moins un avantage

Signification de cette carte

Dans notre vie quotidienne, nous avons tendance à fonctionner en pilote « automatique » : ce sont les régions limbiques de notre cerveau qui gouvernent, le fameux « Système 1 » de Daniel Kahneman, qui a eu le prix Nobel en 2002 pour ses travaux sur les biais cognitifs. Ce qui est plutôt une bonne chose. Imaginez si vous aviez tous les jours besoin de réapprendre à conduire ou à faire vos lacets... Ce serait invivable ! Mais lorsqu'une situation imprévue ou anormale surgit, le pilote « automatique » continue d'œuvrer alors qu'il devrait laisser place au pilote « créatif » et « adaptable », c'est-à-dire les territoires du néocortex. Or, c'est ainsi que naît le stress : plus qu'un sentiment, le stress est un feed-back. C'est l'indicateur que vous ne laissez pas la bonne partie du cerveau gérer votre imprévu...

Signification de cette carte dans votre tirage

Vous l'avez compris, dorénavant vous pouvez vous dire « chouette, je stresse : mon cerveau essaie de me dire quelque chose ». D'autant que muscler cette zone spécifique du cerveau, créative et adaptable, est plus simple qu'il n'y paraît. Par exemple, confronté à une situation que vous jugez problématique, vous pourriez vous poser cette simple question : quel avantage y a-t-il à cette situation que je vis en ce moment ? En effet, toute situation, même la plus catastrophique, coûteuse, blessante, a au moins UN avantage... Bien sûr, toutes les réponses que vous trouverez sont justes, même les plus drôles, voire les plus cyniques... D'ailleurs, en cherchant bien, on peut être certain de trouver au moins TROIS avantages à toute situation.

Votre rapport à l'autre

En vous focalisant sur les avantages de la situation que vous vivez, vous effectuez une « rupture de pattern », ou une « bascule ». En somme, vous décollez de vos certitudes et de vos croyances – souvent limitantes. En cas de conflit, on peut avoir tendance à reporter la faute sur l'autre, à venir gonfler nos valeurs : « C'est inadmissible, l'autre ne devrait pas me parler comme ça ! » ; « Pour qui se prend-il ? », « Il faut vraiment être un con pour agir de la sorte ! », etc. Ces premières pensées sont normales. Acceptez-les de bon cœur. Quelque part, elles sont à la fois sincères et authentiques. Mais ne vous y laissez pas enfermer. Alors, quels sont ces trois avantages à la situation que vous traversez actuellement ?

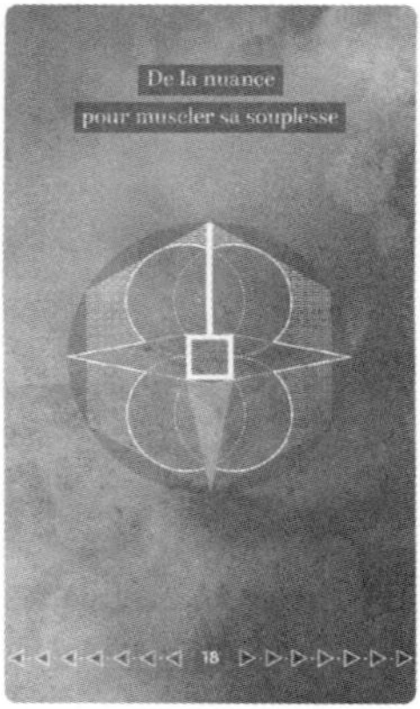

18. De la nuance pour muscler sa souplesse

Signification de cette carte

Voici une autre carte bascule pour vous aider à solliciter davantage la zone préfrontale, celle de l'adaptabilité et de la créativité, plutôt que la zone limbique, plus propice aux certitudes et aux valeurs. C'est la carte de la souplesse et de la nuance. On a souvent tendance, par confort et facilité, à envisager la réalité sous le prisme d'un seul possible (ça sinon rien) en effaçant les nuances (c'est blanc ou noir). Solliciter sa zone préfrontale, c'est justement, comme le préconise l'approche neurocognitive développée par le docteur Jacques Fradin, sortir de sa rigidité personnelle et de son obstination pour se confronter à une autre vision du monde, plus nuancée, plus souple. Et pour cela, une seule question suffit…

Signification de cette carte dans votre tirage

Mus par le perfectionnisme et les détails, on en oublie parfois le sens, la finalité. On est pris dans le flot de l'action et des angoisses qui vont avec : vais-je finir dans les délais ? Suis-je assez bon dans ce que l'on m'a demandé de faire ? Ne pourrais-je pas en faire davantage. Cette carte dans votre tirage vous invite à calmer le ressac de votre exigence intérieure. Une seule question compte : et si j'échoue, dans le fond, est-ce si grave ? Le terme « et si » en début de question ouvre le champ des possibles, lorsque la question de « l'échec » évoqué frontalement permet de prendre en compte le caractère mouvant de la réalité. Et si rien n'est fait, que se passera-t-il ?

Votre rapport à l'autre

Il y a une excellente technique, très utilisée par le psychologue et thérapeute Paul Watzlawick : la prescription du symptôme ! Face à une personne obsessionnelle qui « ne lâchera pas l'affaire », lui demander d'aller au bout de son raisonnement peut se révéler fort salutaire. Par exemple, face à un ami insomniaque mais qui souhaite dormir, demandez-lui de rester éveiller au moins jusqu'à quatre heures du matin le plus de jours possible ; face à un enfant qui crie mais aimerait être réconforté, au lieu de lui demander de s'arrêter (ce qu'il ne fera pas), demandez-lui de se faire entendre encore plus fortement. Face à une personne radine, faites-lui remarquer à quel point elle dépense trop d'argent. Bien sûr, ces recadrages paradoxaux sont d'autant plus efficaces que vous êtes légitime aux yeux de la personne (parent, thérapeute, enseignant).

19. Transformer ses pourquoi en comment

Signification de cette carte

C'est l'un des postulats les plus pertinents pour effectuer la « bascule » : oubliez les questions « pourquoi », transformez-les en « quoi » et en « comment ». C'est d'ailleurs l'une des clefs utilisées par Chris Voss, le négociateur mondialement connu du FBI. Les questions « pourquoi » ont tendance à figer les individus dans leur identité et dans leur passé psychique. Les questions « quoi » suscitent la curiosité et invitent à davantage de précisions, à une verbalisation plus rigoureuse. Les questions « comment » sont magiques : elles enclenchent le mode créatif et adaptable de votre cerveau. Elles sont tout de suite orientées « solutions » et sur le temps présent.

Signification de cette carte dans votre tirage

Êtes-vous un peu trop tourné sur vous-même ces derniers temps ? Avez-vous passé beaucoup de temps à chercher, comprendre et analyser votre passé ? Les questions « pourquoi » concernent davantage la psychanalyse. Parfois nécessaires, elles peuvent aussi vous paralyser dans le temps présent. Les Américains ont une bonne expression : What else ? Cette carte dans votre tirage vous indique qu'il est temps de passer à autre chose. Le temps de votre réflexion sur les événements passés est terminé : place à l'action et au jeu ! Comment pouvez-vous expliquer votre situation actuelle ? Quelle est votre prochaine étape ? Comment transformer votre problème en objectifs ?

Votre rapport à l'autre

La question du « comment » est liée au « contenant », là où le « pourquoi » s'intéresse davantage au « contenu »... Pas étonnant que votre ami se plaigne et continue de larmoyer des heures si vous le relancez à chaque fois à coup de « pourquoi ». Il peut même comprendre la tonalité d'une question « pourquoi » plus accusatrice qu'elle ne l'est réellement. Les questions

« comment » sont davantage perçues comme étant non intrusives et légitimes. Vous pouvez même aller jusqu'à forcer l'empathie de l'autre en posant la question : « Comment suis-je censé faire avec ça ? Comment je peux gérer cette situation ? » Cet effet miroir est d'une efficacité redoutable, car vous forcez l'autre, sans qu'il s'en rende compte, à entrer dans votre référentiel à vous.

20. Le bénéfice secondaire freine le changement

Signification de cette carte

Votre ami continue de fumer deux paquets de cigarettes par jour ? Un autre se plaint de son travail mais s'y rend tous les jours avec la même assiduité ? Un proche se lamente toujours de retomber dans le même ressort amoureux ? Pour autant, ils vous demandent toujours conseil pour sortir de ce genre de situation ? C'est que derrière tout acte qui continue à être proféré se cache un bénéfice secondaire. Si ce dernier n'est pas identifié, impossible pour la personne d'envisager de changer : elle aurait trop à perdre. Ainsi, même les symptômes les plus encombrants et les plus gênants apportent un certain degré de satisfaction pulsionnelle et un soulagement.

Signification de cette carte dans votre tirage

Êtes-vous tout à fait honnête lorsque vous dites vouloir changer ? N'y a-t-il pas quelque chose qui vous ramène toujours à votre point de départ ? Une situation que vous vivez actuellement vous déplaît : avez-vous identifié vos bénéfices secondaires ? L'inconfort est parfois présent par habitude (trop peur de l'inconnu pour changer), par challenge (au plus bas de tout, voyez comme je réussis malgré tout), par sentiments (mon problème attire l'attention des autres), ou encore par projection (c'est un écran de fumée qui cache autre chose). Cette carte vous interroge : pour vous, dans quelle catégorie se situe votre bénéfice secondaire ?

Votre rapport à l'autre

Il n'est jamais simple de conseiller ses proches. Et les renvoyer à cette réalité du bénéfice secondaire pas si simple à aborder… Pourtant, l'être humain est ainsi programmé qu'il recherche davantage le confort que l'inconfort… La PNL (programmation neurolinguistique) a mis en valeur deux programmes qui nous animent : le « aller vers » ou le « éviter de ». Si l'un de vos proches se plaint de ne pas perdre de poids, d'être malade continuellement, ou d'être fauché et qu'il ne met pas en place le changement nécessaire, faites-lui gagner du temps : questionnez-le sur ce vers quoi il tend / ce qu'il cherche à éviter. Ce questionnement est un révélateur des bénéfices secondaires qui le nourrissent.

21. Solliciter l'imaginaire

Signification de cette carte

Saviez-vous que le cerveau a du mal à faire la différence entre le réel et l'imaginaire ? C'est de ce biais que se servent les hypnotiseurs. Et les mots, même les plus sérieux, nous servent à construire notre monde. En définitive, on pourrait même dire que nous nous racontons des histoires à longueur de journée. Le courant pragmatique de la linguistique l'a bien démontré : communiquer, ce n'est pas seulement transmettre une information, c'est aussi convaincre, voire modifier le comportement de son interlocuteur. Ainsi, la phrase « je vous déclare mari et femme » change le réel des personnes concernées, et pourtant seuls les mots ont changé. C'est ce que l'on appelle les énoncés « performatifs », analysés par le linguiste John Austin dans son ouvrage *Quand dire, c'est faire*.

Signification de cette carte dans votre tirage

Cette carte est là pour vous rappeler que votre enfant intérieur est toujours là. L'imaginaire n'est ni bon ni mauvais en soi, il est une sorte de fonctionnement instinctif de notre esprit. Sans que nous nous en rendions compte, notre rapport au monde est en permanence métaphorisé (sous la forme d'images) et narrativisé (sous la forme d'histoires). Parfois nous sommes conscients que ces deux voix, imaginaire et analyse, sont les mêmes. Parfois moins. C'est, dans tous les cas, la théorie de la pensée bicamérale développée par le psychologue Julian Jaynes : à une époque plus ancienne, la voix des dieux était une voix présente dans le cerveau des humains mais dont ils ne savaient pas qu'elle était la leur. Cette carte dans votre tirage vous interroge : vous concernant, que disent et racontent ces voix intérieures ? Si c'était la voix des dieux, que vous diraient-ils ?

Votre rapport à l'autre

Vous vous demandez comment embarquer l'autre dans votre histoire ? Comment solliciter son imaginaire efficacement ? Les techniques sont plurielles et souvent les plus simples.

Votre discours doit être incarné à travers, au moins, deux sens (comme la vue, le toucher ou l'ouïe). Il doit être le plus imagé possible avec l'utilisation de comparaisons ou de métaphores afin de rendre votre discours concret et accessible sur un plan qui n'est pas celui de l'esprit critique. Votre discours doit également avoir une certaine épaisseur émotionnelle. Tout en favorisant le « focus », l'attention sur un point en particulier. Notez que l'utilisation de symboles permet également de court-circuiter la dimension critique de votre interlocuteur. L'utilisation des locutions de subordination (tandis que, pendant que, alors que...) est également la bienvenue pour créer un peu de confusion, comme le préconisait l'hypnothérapeute Milton Erickson.

22. Créer de nouveaux cadres cognitifs

Signification de cette carte

« Ne pensez pas à un éléphant. » Voici la célèbre phrase que l'on oublie souvent d'attribuer au linguiste George Lakoff. La démonstration est efficace et instantanée : le cerveau comprend mal la négation. Vous avez pensé à un éléphant ! Comment expliquer ce phénomène ? Notre raisonnement et notre opinion sont d'abord fondés sur l'existence de cadres cognitifs préalables. Sans ces cadres, nous ne pourrions ni raisonner ni prendre de décisions. Ils agissent comme des facilitateurs de la pensée. Nos arguments et nos croyances sont donc préformatés par ces cadres cognitifs, et ce, de manière inconsciente. Aussi, modifier le cadre, c'est modifier la pensée !

Signification de cette carte dans votre tirage

Êtes-vous à l'aise avec l'idée de convaincre ? De pouvoir imposer votre point de vue à l'autre ? Quels stéréotypes rattachez-vous à ce domaine ? Cette carte vous invite à revisiter vos préjugés et à vous rassurer ou vous sensibiliser : nul besoin d'avoir une voix forte ou d'en imposer pour obtenir gain de cause. Bien au contraire, utiliser un nouveau vocabulaire dans le but de recadrer le cours de la discussion est d'une efficacité redoutable. En effet, c'est une approche on ne peut plus discrète pour immerger votre interlocuteur dans une nouvelle réalité, la vôtre. Vous le voyez, il est plus simple d'aller dans le sens des propos de votre interlocuteur, plutôt que de le confronter à ses propos ou ses contradictions.

Votre rapport à l'autre

Face à un contradicteur, il y a un piège à éviter : lorsque vous reprenez ses termes exacts, vous ne faites que renforcer sa croyance. Pourtant, c'est ce que l'on fait tous instinctivement lorsque l'on veut convaincre plus facilement... Sans doute par effet d'imitation. Mais pourquoi cela pose-t-il problème ? Tout simplement parce que vous renforcez le cadre cognitif dans lequel votre argumentation s'inscrit – malgré elle – en utilisant ses termes à lui. Dans le contexte d'un débat d'idées, vous devez donc vous forcer à utiliser vos propres cadres cognitifs, qui se matérialisent par vos propres mots et votre propre vocabulaire. Par exemple, si vous pensez que les impôts sont nécessaires, ne parlez pas d'« allégement fiscal », ni de « charge fiscale »… dans les deux cas, l'idée de « lourdeur » est sous-entendue…

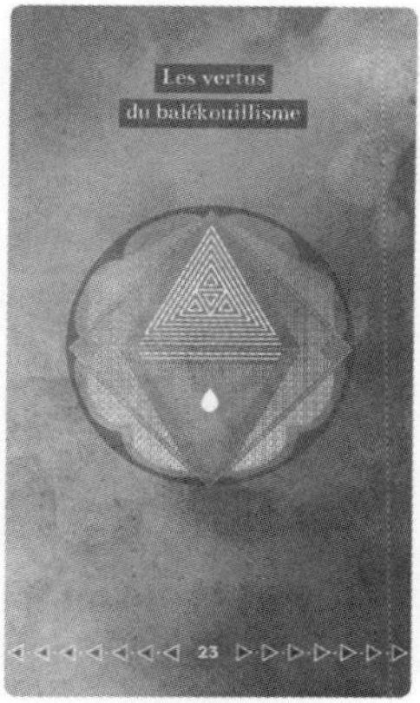

23. Les vertus du balékouillisme

Signification de cette carte

Connaissez-vous ce terme ? Avant de vous en donner une définition, sachez que ce terme existe réellement. Il renvoie à l'action de « s'en battre les couilles » et donne lieu à l'expression bien connue chez les adolescents actuels, souvent entendue dans les cours de collèges et de lycées : « Il/Elle est balek », sous-entendu « cool », c'est-à-dire « peu atteint par les événements ». C'est l'écrivain Mark Manson qui s'est amusé à décliner ce thème dans son livre *The Subtle Art of Not Giving a Fuck*. Force est de constater que par conformisme ou moralisme, nous oublions la force de créativité et de liberté d'un « je m'en bats les couilles », tellement jouissif à formuler.

Signification de cette carte dans votre tirage

Où en êtes-vous de cette posture ? Mettez-vous le champ du devoir, de l'obligation et de la loyauté au-dessus de tout ? Cette carte dans votre tirage est là pour vous rappeler que parfois, dans la vie, il vaut mieux lâcher. Certaines situations, certaines personnes n'en valent pas la peine. Gardez votre énergie pour des choses plus fructueuses et plus ressourçantes. Essayez le balékouillisme, ça fait un bien fou ! Faites ce qui vous fait plaisir. Ou pas. Dans tous les cas, pourquoi seuls les adolescents pourraient-ils se permettre ce genre de posture ? Cette carte vous invite à renouer avec cette forme d'insouciance toujours présente.

Votre rapport à l'autre

Peut-être que la dernière fois que vous avez vu une personne agir avec désinvolture, en étant « balek », cela vous a affecté ? Peut-être que cela vous a mis hors de vous ? Ou bien intrigué ? Amusé ? Nous parlons ici des valeurs, lovées dans la partie néolimbique de votre cerveau, et qui fondent une partie de votre personnalité. Lorsque nos valeurs sont heurtées, cela est généralement difficile à vivre, car elles sollicitent des régions fortement émotionnelles de notre cerveau. Rappelez-vous que l'autre n'est qu'un miroir, il est aussi là pour vous montrer ce qui est possible pour vous. Si ce genre de comportements provoque une émotion négative chez vous, cela reste du feed-back. Une invitation à suivre ?

24. Affirmer son non-négociable

Signification de cette carte

La figure du Conquérant nous rappelle qu'il est important d'oser s'affirmer, particulièrement dans un contexte de négociation. L'affirmation de ce qui est non négociable est un préalable important à toute discussion, pourtant cette étape est souvent oubliée. Le non-négociable doit être énoncé le plus clairement et factuellement possible : vous allez gagner du temps ! Exprimer son propre point de vue, sa propre carte du monde avec ses valeurs et ses croyances de manière authentique, c'est permettre à l'autre d'en faire autant. S'effacer dans la relation, ce n'est donc pas toujours rendre service à l'autre. D'ailleurs, les meilleurs négociateurs ne sont jamais ceux qui mentent ou qui mènent en bateau. Au contraire, ils savent que, sans confiance, il n'y a pas d'accords possibles.

Signification de cette carte dans votre tirage

À partir du moment où l'on a compris que le réel n'existait pas en soi, mais toujours relativement à un point de vue particulier, en quoi votre vision du monde serait-elle « meilleure » ou « mieux » que celle de votre interlocuteur ? Mais cela vaut aussi de l'autre côté : en quoi votre vision serait-elle moins « bonne » ou « valable » ? Osez-vous affirmer de manière claire ce en quoi vous croyez ? Vos zones de faiblesse ? Vos certitudes ? Quand l'avez-vous fait pour la dernière fois ? Quelle a été la suite de l'histoire ? Quelle expérience négative avez-vous associée à ce concept de l'affirmation de soi ? Vivez-vous, en ce moment, une situation qui nécessiterait de verbaliser vos non-négociables ? Qu'est-ce qui vous empêche de le faire ?

Votre rapport à l'autre

Pensez-vous que l'on soit toujours obligé d'user de la force – physique, morale ou émotionnelle – pour se faire entendre ? Quelles sont les « tactiques » que vous avez développées pour « être entendu des autres » ? Jouez-vous les gros bras ? Mettez-vous la pression gentiment ?

Doit-on vous obéir ? Comment supportez-vous une personne qui, elle, s'affirme haut et fort ? Et ose user de ses stratagèmes ? Contrairement à ce que l'on pense, le stress est une conséquence, non un symptôme. Autrement dit, la colère est un feed-back, non un point de départ. Elle vous apporte une information - chez vous ou chez l'autre - que des valeurs n'ont pas été respectées, ou bien que des non-négociables sont un peu trop chahutés.

25. Pas de concession sans contrepartie

Signification de cette carte

Voici un autre postulat fondamental à garder en tête lors de votre prochaine négociation. Il est important de verbaliser ce que vous « lâchez » à l'autre partie. Souvenez-vous que ce qui ne s'énonce pas n'existe pas. Et ce qui ne se négocie pas n'a pas de valeur ! Alors, affichez clairement la couleur : « Je suis d'accord pour laisser cela de côté mais vous, que faites-vous pour moi ? » Bien que frontale, cette question est légitime. Bien sûr, la tonalité de la voix a son importance : vous devez la prononcer avec une voix claire et neutre. Par un subtil jeu de miroir, elle force votre vis-à-vis à l'empathie, car y répondre, c'est forcément entrer dans votre référentiel. Encore faut-il oser le formuler... Ne dit-on pas que « qui ne tente rien n'a rien » ?

Signification de cette carte dans votre tirage

Il existe plusieurs profils de négociateurs. Êtes-vous du genre pugnace et combatif ? Sachez que cette stratégie est efficace sur le long terme : le plus riche, le plus fort ou le plus teigneux remporte souvent la mise. En revanche, il casse la dynamique relationnelle : à l'avenir, ce négociateur belliqueux ne pourra compter que sur lui-même. Sans relation de confiance, pas de transaction possible. Cette carte est peut-être là pour vous montrer les limites de cet entêtement... À moins que cela ne soit l'inverse ? Êtes-vous plutôt du genre à céder trop facilement ? À vous « faire avoir » ou « promener » ? Alors, cette carte vous rappelle que vous ne devriez pas être le seul dans la relation à faire un effort !

Votre rapport à l'autre

Une personne qui ne cède pas facilement, qu'est-ce que ça représente pour vous ? En quoi cela rentre en résonance avec vous ? Si vous le supportez mal, c'est que votre référentiel tourne beaucoup autour de valeurs ou d'injonctions qui imposent le besoin d'être aimé ou admiré. Du type, « il ne faut surtout pas brusquer ou contredire l'autre ». Or, ces points n'ont pas leur place dans une négociation. Le paradigme d'une négociation n'est pas affectif mais motivationnel. Focalisez-vous sur la finalité de la négociation plutôt que sur votre interlocuteur. Autrement dit, gardez en tête votre objectif, en faisant un pas de côté sur ce qui se joue au niveau relationnel.

26. Verbaliser l'implicite

Signification de cette carte

Phénomène curieux : mettre des mots sur une situation permet de l'envisager sous un meilleur angle. Cela s'appelle de la « métacommunication ». Verbaliser et dire ce qui est en train de se passer permet de dédramatiser la situation. Très efficace lorsque les émotions sont (un peu trop) présentes, le « labelling » consiste à verbaliser ce que l'on observe. C'est l'une des techniques privilégiées par les négociateurs des forces de police et d'intervention pour faire baisser la pression rapidement. Par exemple, dire « il semblerait que vous soyez en colère » permet d'alerter l'autre que vous avez pris en considération son état. Et cette métacommunication, en utilisant le conditionnel, diminue de moitié le ressenti de cette émotion.

Signification de cette carte dans votre tirage

Êtes-vous certain d'avoir été explicite ? Si vous vous posiez une question précise, cette carte vous indique la nécessité de verbaliser ce que vous avez observé. Sans y porter de jugement, juste pour rendre compte de ce à quoi vous avez assisté. Pensez-vous que vous devez subir les émotions des autres ? Cette manière de métacommuniquer permet de renvoyer l'autre à sa propre situation. Vous n'êtes qu'un miroir. C'est également une manière de responsabiliser votre interlocuteur. Par ailleurs, si vous craignez des situations inconfortables, rien ne vous empêche de métacommuniquer sur vous-même. Ma meilleure amie, souvent stressée en réunion, détourne maintenant le problème : « Et voilà, je me remets à transpirer. » Tout le monde rit. Et passe à autre chose... Rien que de le dire devant l'assemblée, vous faites baisser votre température.

Votre rapport à l'autre

Récemment j'assistais à une réunion en interne où le big boss, assez froid et impressionnant de nature, a bien fait transpirer son prestataire. Mains pianotant bruyamment sur la table, raclement de gorge, froncement de sourcils : visiblement, le boss était peu satisfait des propositions qui défilaient sous ses yeux. Moment de solitude pour le présentateur. De manière très habile, ce dernier ne s'est pas laissé décourager, au contraire : il a dit tout haut ce que les autres avaient perçu tout bas. Il a décrit l'attitude : « Ah tiens, là j'entends que les doigts pianotent plus vite, c'est que cela plaît encore moins que la solution précédente. » Tout le monde s'est mis à rire, l'atmosphère s'est détendue instantanément, sauvant la face du consultant.

27. Trouver le besoin derrière la demande

Signification de cette carte

Voici un autre principe de base de la négociation : derrière une demande explicite, il y a toujours un besoin implicite et qui n'est jamais formulé. Vous devez donc garder cette idée en tête : la négociation se joue en permanence sur deux plans complémentaires et distincts. Pourquoi c'est important à savoir ? Parce que le plus souvent, les demandes reçues nous paraissent excentriques, contre-productives, voire inutiles. En deux mots : irréalistes et irréalisables. En effet, par un processus cognitif complexe, il nous paraît toujours plus fantasque de répondre à une demande. Alors que répondre à un besoin nous paraît toujours plus légitime. Étonnant, non ?

Signification de cette carte dans votre tirage

Comment expliquer ce phénomène ? La demande peut soulever des protestations de valeurs : « qu'est-ce qu'il me demande celui-là ?! », « c'est n'importe quoi », « il rêve ! ». Alors que s'interroger sur le besoin derrière la demande nous oblige à redescendre sur un plan plus pragmatique et réaliste, en un mot : acceptable. En connaissant le besoin sous-jacent, vous aurez davantage de marge de manœuvre pour proposer l'alternative qui vous convient le mieux. Cette carte dans votre tirage vous invite à aller voir plus loin que les vagues à la surface du lac : les valeurs bousculées par votre interlocuteur, et qui vous font réagir, vous empêchent de percevoir les alternatives qui vous conviennent.

Votre rapport à l'autre

Dans une négociation, les demandes apparaissent souvent contradictoires : vous voulez blanc, et l'autre veut noir. C'est la définition même du conflit, proposée par les Drs Ralph Kilmann et Kenneth Thomas. Voici donc une baguette magique : lorsque vous vous penchez sur les raisons qui poussent votre interlocuteur à vouloir noir (son besoin), vous pouvez lui proposer autre chose. Le besoin sous-jacent et implicite est rarement l'équivalent de la demande verbalisée. Vous pourriez même être surpris : la verbalisation du besoin nous amène parfois sur des points en commun insoupçonnés.

28. Se mettre d'accord sur le désaccord

Signification de cette carte

Maintenant vous connaissez le point en commun entre tous les litiges qui se finissent en procès : c'est le fait de ne pas avoir réussi à se mettre d'accord... sur le désaccord ! Durant le conflit, si vous réussissez cette étape, si vous parvenez à vous mettre d'accord sur ce qui vous oppose, alors vous gagnez du temps et de l'énergie. C'est dans tous les cas la théorie développée dans les années 70 par le mathématicien Robert Aumann. Contrairement à ce que l'on pense, l'objectif à prendre en compte n'est ni le vôtre, ni celui de la partie adverse, ni même la finalité du conflit.

C'est d'abord d'être conscient, de verbaliser et de consentir sur les points de désaccord. Un préalable indispensable sans lequel aucun accord ultérieur n'est envisageable.

Signification de cette carte dans votre tirage

Allez-vous trop vite en besogne ? Lorsqu'un conflit nous concerne, nous avons toujours tendance à nous focaliser sur l'issue et sa finalité. C'est un bon réflexe. Mais il ne doit pas nous faire perdre de vue ce préalable indispensable à toute résolution du conflit. Se mettre d'accord sur le désaccord, c'est s'assurer de parler le même langage. Pour autant, il est des situations où même ce premier pas est impossible. Plus vous le constatez tôt, plus vous en connaissez l'issue : si d'entrée de jeu votre interlocuteur nie et que vous n'arrivez pas à être d'accord sur le désaccord, il est fort probable que votre litige prenne une tournure judiciaire. Cette carte dans votre tirage vous donne une chance : celle de prendre les devants en coupant l'herbe sous le pied à votre détracteur... ou bien d'en accepter l'éventuelle issue ?

Votre rapport à l'autre

Les négociateurs les plus reconnus dans leur domaine établissent une hiérarchie dans la « négociabilité ». Le non-négociable est souvent lié à deux domaines : les conflits d'intérêts (l'avoir), ou bien les conflits de valeurs (l'être). Selon votre choix, le non-négociable peut être réévalué, ou bien il devient un « jamais négociable ». Ces deux positions sont légitimes. Mais dans le dernier cas, vous devez le verbaliser de manière explicite et d'entrée de jeu. L'autre n'ayant pas de boules de cristal, il est important de verbaliser, voire de laisser une trace écrite de votre non-négociable. En revanche, sachez que le négociable, lui, ne s'annonce pas forcément dès le début, et il n'est pas nécessairement verbalisé ni explicité. Au contraire...

29. Les vertus de la reformulation

Signification de cette carte

C'est l'une des erreurs les plus courantes : croire que l'autre vit dans notre tête. Or il existe autant de réalités que d'individus sur terre. C'est pourquoi il convient de repérer rapidement les mots clefs dans le discours (oral ou écrit) de votre interlocuteur pour les reprendre sous la forme interrogative. Cette technique de répétition, qui va de la reprise mot pour mot à une reformulation plus globale, est très couramment utilisée par les négociateurs du FBI, du GIGN ou du RAID. Pourquoi ? D'abord parce qu'elle est simple à mettre en place. Ensuite parce qu'elle oblige l'autre à donner davantage d'informations. Simplement, elle demande un peu d'autodiscipline : il faut laisser l'autre parler.

Signification de cette carte dans votre tirage

Vous ne le savez pas mais cette technique est étayée par de nombreuses recherches en psychologie sociale. Par exemple, une étude hollandaise montre que les serveurs qui répétaient systématiquement les commandes des clients obtenaient de meilleurs pourboires. Juste en répétant « un café et un thé vert », ils doublaient leur recette. Alors, pourquoi se contenter de simplement dire « D'accord » ou « Très bien » ? Cette carte est là pour vous encourager dans cette attitude d'écoute active. Occuper le devant de la scène dans une négociation (moi je pense que) est rarement efficace, et le plus souvent stérile. En revanche, mettre l'autre sous les feux de la rampe, c'est dingue ce que cela peut lui faire plaisir et, surtout, faire avancer les choses !

Votre rapport à l'autre

On pourrait croire que la ficelle est grosse... et pourtant ! En 1999, deux chercheurs en psychologie, Tanya Chartrand et John Bargh, ont démontré l'impact considérable de cet « effet caméléon ». L'imitation a de véritables vertus : c'est un lubrifiant social inconscient. Assez difficile à débusquer, cette technique de la reformulation est efficace. Toutefois, utilisée sans modération, cette technique pourrait finir par lasser vos interlocuteurs en les laissant sur leur faim : *in fine*, ils ne sauraient pas quoi penser de vous. Une personne qui n'utiliserait que ce mode de conversation passerait non plus pour un caméléon, mais pour un perroquet ! Cette approche n'est donc pas une finalité mais bien un point de départ.

30. Les vertus de l'effet miroir

Signification de cette carte

La PNL (programmation neurolinguistique) a beaucoup parlé de ce phénomène de synchronisation. Également appelée « calibrage » en hypnose, l'imitation entre le thérapeute et le patient favorise la plongée en transe. Le rythme de sa respiration, ses gestes, sa posture, ses inclinaisons de tête, ses croisements de doigts, tout est savamment reproduit. Cet effet miroir favorise l'émergence d'un climat de confiance. La psychologie sociale regorge d'expériences qui valident le proverbe bien connu « Qui se ressemble s'assemble ». On peut donc parler d'un « effet caméléon » inconscient, qui joue le rôle de lubrifiant social en rendant les interactions plus agréables.

Signification de cette carte dans votre tirage

Par rapport à la situation que vous vivez, cette carte vous rappelle que vous faites partie d'un ensemble bien plus vaste. Que pensez-vous à l'idée d'être un maillon d'une chaîne plus grande ? Vos décisions ont sans doute un impact plus important que ce que vous croyez. Et l'inverse est vrai également. Certaines théories philosophiques vont jusqu'à affirmer que l'autre n'est qu'un miroir de nous-mêmes. Aussi, si vos alter ego vous irritent, ils ne sont peut-être « que » le reflet de ce que vous refusez d'observer à l'intérieur de vous-même. Exercice difficile, cette carte vous invite à balayer devant votre porte… et à focaliser davantage sur les points en commun que sur les différences.

Votre rapport à l'autre

Être face à une personne qui se synchroniserait en permanence, à la longue ce serait pénible car mécanique. La synchronisation est donc un début, non une finalité. C'est un préalable, un « ice breaker ». Efficace pour commencer une conversation ou démarrer un échange sur des bases saines, mais insuffisant pour la suite.

Maintenant, si vous faites le point sur votre entourage : acceptez-vous d'avoir des personnes différentes, porteuses de valeurs opposées aux vôtres, contradictoires par rapport à votre façon de voir la vie ? Ou bien préférez-vous le confort du mimétisme ? Pour vous, « qui se rassemble s'assemble » ? Ou bien « les contraires s'attirent » ? Certaines études sociologiques ont démontré que, de ce point de vue, les algorithmes utilisés par nos moteurs de recherche posent problème : le monde y est organisé selon nos préférences...

31. Les vertus du « non »

Signification de cette carte

Vous pensez qu'il ne faut surtout pas contraindre votre interlocuteur ? Ne pas le brusquer ? Lui faire plaisir ? Erreur... Voici la technique de référence, validée par certaines expériences de psychologie sociale et très souvent utilisée par les bons négociateurs : faire dire « non » à votre interlocuteur. En effet, lorsque vous posez une question de manière directe à votre interlocuteur, et que cela implique un « oui » de sa part, sans que vous vous en rendiez compte, cela va lever chez lui un certain nombre de barrières inconscientes. C'est un mécanisme psychologique normal de protection. En lui faisant dire « non », vous le rassurez et il est plus enclin à vous répondre et à aller dans votre sens.

Signification de cette carte dans votre tirage

Voici un autre aspect inconscient des jeux de pouvoir dans une relation : en disant « oui », votre interlocuteur va avoir l'impression de « vous donner » quelque chose. Cela veut dire qu'inconsciemment vous lui en serez redevable. Incroyable, non ? Afin de sortir de cette ambiguïté, il est préférable de l'amener à récuser votre affirmation. Cette carte dans votre tirage vous questionne sur votre rapport au refus. Acceptez-vous facilement que l'on vous dise « non » ? Qu'est-ce que le refus de l'autre vient provoquer chez vous ? Êtes-vous enfermé dans une dictature positiviste, le fameux « smile or die » ? Comme vous pouvez le constater, les mécanismes sous-jacents ont parfois des répercussions différentes, voire opposées, à celles que nous imaginions...

Votre rapport à l'autre

Peut-être avez-vous entendu parler du « Yes set » en hypnose ? Il s'agit d'amener votre interlocuteur à formuler le plus de « oui » successifs, sans qu'il s'en rende compte. L'inverse de ce que vous venez de lire, me direz-vous ! En réalité, ces approches sont complémentaires : le « Yes set » n'implique pas forcément une réponse de votre interlocuteur. Par exemple, s'il y a du soleil, la phrase « puisqu'il fait beau aujourd'hui... » implique un acquiescement non conscient de votre interlocuteur. Plus il fait cet exercice d'acquiescer à vos affirmations, plus il est enclin à accepter votre proposition finale « allons marcher en forêt ». Cependant, lorsqu'il s'agit d'une question à poser directement à votre interlocuteur, mieux vaut la technique du « non ». Un « validez-vous le devis ? » est trop engageant pour votre interlocuteur : ça lui coûte de dire « oui ». Préférez un « avez-vous abandonné le projet ? » qui le laisse dans sa zone de confort.

32. S'accuser excessivement

Signification de cette carte

Les relations de confiance aboutissent plus souvent à une satisfaction commune. Cela peut paraître utilitaire de le penser en ces termes. Et pourtant, cela revisite complètement notre idée reçue selon laquelle c'est le plus fort, le plus grand ou le plus riche, qui parvient à ses fins. Les meilleurs négociateurs du monde au sein des forces armées le savent bien : c'est plus facile d'influencer le comportement d'une personne sur les bases d'une relation de confiance et de vérité. Sinon, aucun retour en arrière possible une fois que le lien de confiance se brise. Voici une technique très efficace : s'accuser excessivement.

Cela va désarmer votre interlocuteur, qui n'osera plus vous contredire. En linguistique, on parle aussi de « désarmeurs » : ils s'évertuent à montrer patte blanche pour mieux parvenir à leurs fins.

Signification de cette carte dans votre tirage

Par exemple, avant de demander un service à votre interlocuteur, vous pourriez lui dire « Tu vas penser que, vraiment, ce n'est pas du tout fair-play de ma part », « Tu vas penser que j'exagère beaucoup trop, peut-être même que tu aurais beaucoup mieux à faire ! ». En définitive, il s'agit de lister tout ce que l'on pourrait vous reprocher et de l'affirmer de manière excessive. Votre objectif est que l'autre pense « Non, il est vraiment trop dur envers lui-même ». Cette carte dans votre tirage vous invite à reconsidérer la dimension « excessive », voire « dramatique », de toute relation. Dans cette technique, les adverbes « tellement », « vraiment », « beaucoup », « trop » sont aussi signifiants que les mots. Et vous, quel est votre rapport à l'excessivité ? Cette carte vous encourage à vous exprimer davantage.

Votre rapport à l'autre

Ces approches sont assez détaillées dans les revues scientifiques de psychologie sociale. Pour autant, elles ne sauraient se réduire à des « recettes » à appliquer mais nous renseignent sur le comportement humain. Tout comme l'effet miroir ou la reformulation, l'accusation excessive reste une utilisation verbale discrète. Ce renversement proportionnel est amusant : plus vous exagérez, moins c'est visible ! Voici une anecdote dont Chris Voss, le négociateur mondialement connu du FBI, s'amuse : il arrive toujours à libérer sa chambre d'hôtel plus tardivement. Au lieu d'appeler la réception et de le demander frontalement, il arrive en disant : « Je suis désolé mais je vais faire de votre journée un enfer, c'est pas facile ce que je vais vous demander. » Il laisse son interlocuteur s'imaginer le pire des scénarios. Au bout de quelques secondes, qui ont paru interminables pour son interlocuteur, il demande : « Je peux vous rendre la chambre à 13 h, plutôt qu'à 11 h ? » La personne, tellement soulagée, lui répond toujours : « Sans problème. »

33. Parler « Système 1 »

Signification de cette carte

C'est sans doute l'une des plus grandes découvertes scientifiques de ce XXIe siècle, pourtant assez peu connue du grand public : la distinction Système 1 / Système 2. En 2002, le psychologue et économiste Daniel Kahneman obtient le prix Nobel pour son travail sur le fonctionnement du cerveau. Il démontre que nos prises de décision ne sont pas aussi rationnelles que ce que l'on s'imagine. Il démontre le hiatus entre l'attitude (inconsciente, invisible et implicite) et le comportement (conscient, visible et explicite). C'est la limite d'une communication classique : s'adresser uniquement au cerveau analytique et procédural, sans prendre en compte les biais cognitifs. En effet, c'est bien la partie la plus émotionnelle et associative de notre cerveau qui a la main sur la décision finale.

Signification de cette carte dans votre tirage

Quels sont les préjugés que vous avez sur votre cerveau ? Pensez-vous être un individu si cartésien et évolué ? Cette carte dans votre tirage vous invite à dépasser vos catégories de pensée. À une certaine époque, on pensait bien que la Terre était plate ! Notre siècle est rythmé de ces ruptures épistémologiques qui modifient notre rapport au monde... jusqu'aux prochaines ! Dans tous les cas, cette carte est celle de la curiosité. Ceux qui crient à la rationalité et au cartésianisme sont complètement dépassés et méconnaissent les dernières découvertes en neurosciences et physique quantique. Et vous, dans quelle vision du monde vous placez-vous ?

Votre rapport à l'autre

En réalité, Système 1 et Système 2 sont complémentaires. Mais Système 1 est facilement mis de côté dans notre communication quotidienne. Or on influe davantage sur les comportements en s'adressant à lui. Pour ce faire, la métaphore et les symboles sont indispensables. Il s'agit également de parler un langage immédiat : celui de l'ici et du maintenant. Enfin, retenez que le psychologue

Geoffrey Beattie a bien démontré comment les campagnes publicitaires, environnementales par exemple, basées sur des argumentaires cartésiens (Système 2) sont « bloquées » par notre Système 1. Il se trouve que même les émotions de peur et de culpabilité seraient moins efficaces que la joie. Il vaudrait mieux montrer un avenir immédiat sous l'angle positif et énoncer des manières claires et concrètes d'y arriver avec des actions immédiates.

34. Recadrer avec les bons mots

Signification de cette carte

Certains hypnothérapeutes en ont fait leur fonds de commerce, et à raison ! L'usage des bons mots est une pierre angulaire de tout processus de changement. Et comme vous le savez sans doute déjà, une partie de notre cerveau ne comprend pas la négation : « ne pensez pas à un éléphant rose » est l'exemple souvent cité, et inspiré par le linguiste George Lakoff. Vous avez vu comme il est difficile pour notre esprit de ne pas visualiser cet animal. Ce simple exercice nous montre le pouvoir des mots. Comme les mots traduisent notre rapport au réel, nous avons tout intérêt à nous montrer à l'écoute de leur force vibratoire et leur capacité de persuasion. Et si les mots étaient des condensés d'énergie capables de modifier la matière du réel ? Continueriez-vous à en employer certains ?

Signification de cette carte dans votre tirage

« L'hypnothérapeute des stars », Marisa Peer, propose un certain nombre de vidéos sur ce sujet. Nous avons tendance à utiliser les mots de manière instinctive et brutale. Ils sont parfois connotés négativement. Et nous oublions que leur prononciation a un effet direct sur notre activité musculaire. Ainsi, dire « Mon collègue est horrible avec moi », ou bien « Mes enfants me tuent », ou « Les bouchons du matin sont un calvaire » a une répercussion directe sur votre corps. Préférez les tournures syntaxiques négatives avec des mots positifs : « Mon collègue n'est pas vraiment sympa », « Mes enfants ne sont pas du tout calmes », ou encore « Les bouchons du matin, c'est pas la joie ! » Il n'y a pas de changement sans changement de point de vue. Cette carte vous invite à porter davantage attention aux termes que vous employez.

Votre rapport à l'autre

Lors d'une discussion, vous pouvez ainsi modifier délicatement le rapport au réel de votre interlocuteur. Il vous parle de « dépenses », parlez-lui « investissement ». Votre ami désespéré vous dit qu'il est « célibataire », reformulez en lui demandant ce qu'il va faire maintenant qu'il est « disponible ». Bien sûr, cette technique du recadrage peut être utilisée collectivement. C'est ce que l'on observe dans certaines communications d'influence. On parle ainsi volontiers aujourd'hui de « croissance verte » ou de « charbon propre », ou encore de « biopétrole ». Être vigilant sur les mots employés par les autres, c'est aussi faire émerger leur technique de manipulation.

FAMILLE III
CARTES GESTES

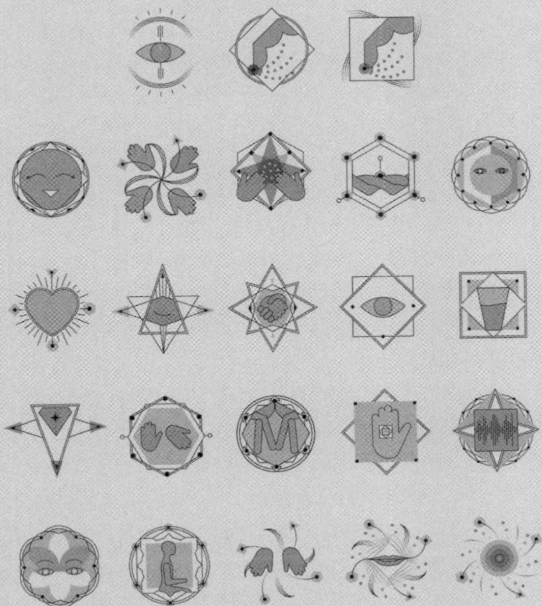

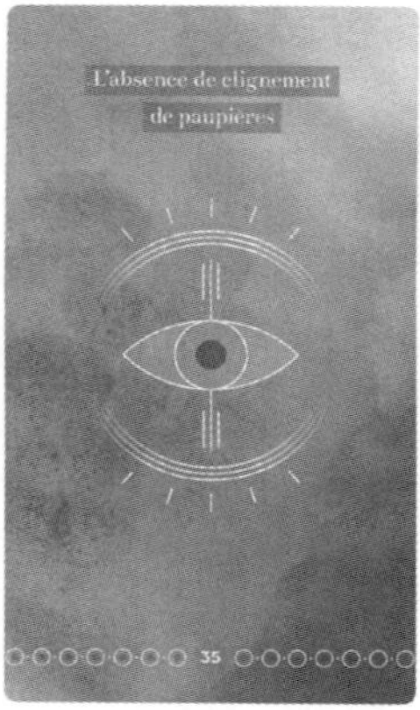

35. L'absence de clignement de paupières

Signification de cette carte

Réflexe physiologique, le clignement de paupières permet la lubrification de l'œil. D'un point de vue cognitif, il permet de traiter l'information : le regard se pose sur un objet, la paupière cligne pour permettre à cet objet d'être « intégré » et traité par notre cerveau. C'est une manière pour le monde extérieur de faire partie de notre carte mentale intérieure. À l'inverse, lorsque les clignements se font rares, c'est le symptôme d'une rupture avec le monde extérieur : l'information ne rentre plus, le cerveau est concentré sur autre chose. On observe souvent une fixité du regard lorsque le mode « récitation » est enclenché : trop concentrée sur ce qu'elle doit « réciter », la personne en oublie de cligner des yeux. C'est ce que l'on observe lorsque le corps est en état de concentration maximale.

Signification de cette carte dans votre tirage

Contrôlez-vous tellement ce que vous dites que vous en oubliez d'être spontané ? Cette carte dans votre tirage vous invite sans doute à davantage d'authenticité et de lâcher-prise. Faites-vous confiance, vous n'avez pas à tout contrôler. Lâchez-vous : l'improvisation, notamment dans les prises de parole en public, est perçue de manière beaucoup plus positive qu'une chorégraphie réalisée en pilote automatique. Les émotions, les « erreurs », les « trous » font partie de la vie. À moins que vous soyez une machine ? Et d'un point de vue plus émotionnel, cligner des yeux, c'est aussi accepter que l'autre entre dans votre monde intérieur…

Votre rapport à l'autre

Regardez plus attentivement le jeu d'actrice de Marilyn Monroe : il ne laisse pas indifférent, sans pour autant être « agréable » à regarder. En vous focalisant sur les yeux, vous observez une chose surprenante : elle cligne très peu des yeux… elle les rabat souvent de trois quarts, sorte de geste de séduction dans lequel les cils papillonnent, sans jamais clore ses paupières totalement. Serait-ce lié au syndrome d'Asperger qu'on lui a souvent attribué ? Quoi qu'il en soit, d'un point de vue du traitement cognitif de l'information, elle semble refuser de faire rentrer le monde extérieur (donc l'autre) dans sa carte mentale intérieure... Dès lors, comment établir des liens affectifs non mécaniques mais profonds et partagés ?

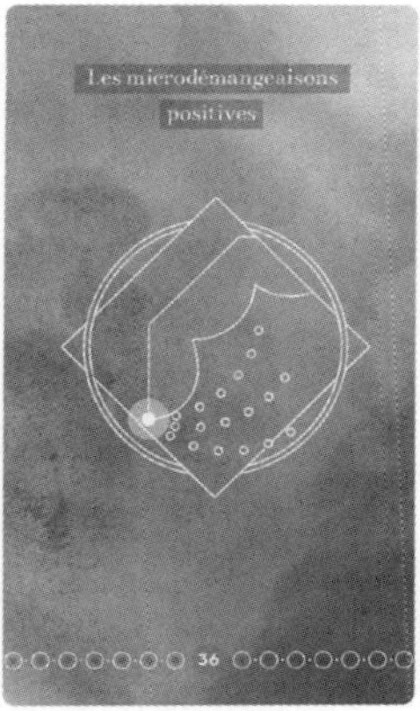

36. Les microdémangeaisons positives

Signification de cette carte

Emblématique des items que l'on peut observer sur le corps, la microdémangeaison se différencie des autres types de grattage par la durée. Furtive, elle se réalise en quelques millièmes de seconde seulement. Elle n'est donc pas toujours facile à voir, mais un peu d'exercice suffit pour entraîner son œil. Le geste correspond à une sorte de « décharge » de stress. La microdémangeaison permet d'évacuer un conflit dans le traitement de l'information environnante. Pour autant, les microdémangeaisons sur le devant du bras ou sur la cuisse sont plutôt positives. Elles signifient l'envie d'agir ou le besoin d'avancer.

Signification de cette carte dans votre tirage

Ressentez-vous en ce moment une certaine forme de frustration dans votre vie ? Vous sentez-vous angoissé ou anxieux à l'idée de ne pas être en mouvement ? Qu'est-ce qui vous empêche d'agir ? Cette carte dans votre tirage vous invite à laisser s'exprimer cette frustration, voire à l'accepter… C'est en établissant un diagnostic réaliste (ni trop négatif ni trop optimiste), que vous pourrez aller de l'avant et répondre à cette question : comment aimeriez-vous avancer dans les jours, les semaines ou les mois à venir ? Quelle est votre prochaine étape ? Paradoxalement, regarder les choses de manière frontale permet souvent de mieux les contourner. À méditer…

Votre rapport à l'autre

Afin d'analyser au mieux la microdémangeaison, il est nécessaire de prendre en compte le contexte. Lors d'un premier rendez-vous amoureux, voir son interlocuteur se gratter l'avant-bras ou la cuisse est plutôt positif : souhaiterait-il passer à l'étape supérieure ? En revanche, dans un cadre plus professionnel, votre interlocuteur exprime une certaine frustration quant au déroulé de sa mission ou de son projet. Par exemple, demandez-lui ce qu'il souhaiterait mettre en place pour agir plus rapidement ? Qu'est-ce qui l'a empêché jusqu'ici ?

Concerné et impliqué, votre vis-à-vis exprime simplement un décalage entre ce qu'il souhaiterait et ce qu'il perçoit de la réalité.

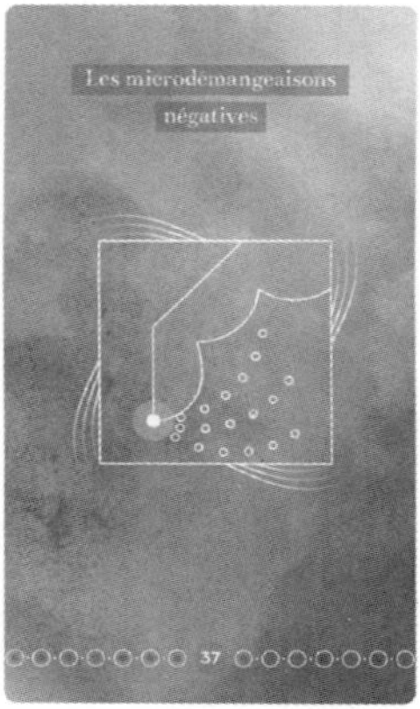

37. Les microdémangeaisons négatives

Signification de cette carte

La microdémangeaison est généralement le symptôme d'une certaine anxiété. Par ce geste, le corps évacue et soulage le stress sous-jacent. Et il semble que le lieu du grattage ait son importance : les zones situées en dessous (sous le nez, dans le cou, notamment) ou à l'arrière du corps (dans la nuque ou dans le dos) auraient des connotations plutôt négatives, associées au non-dit. C'est la théorie développée par le Dr Philippe Turchet, fondateur de la synergologie. Quoi qu'il en soit, et afin d'interpréter au mieux ces microdémangeaisons, il convient d'avoir évacué tous les autres « biais » possibles : y a-t-il une piqûre de moustique sur le corps ? S'agit-il d'une réaction à une allergie ? Ou bien d'une vraie compulsion (ça gratte vraiment sans que l'on sache pourquoi) ?

Signification de cette carte dans votre tirage

S'il s'agit d'une vraie compulsion de malaise, la microdémangeaison devient un indice. Elle rend visible ce qui, jusqu'ici, n'était pas conscientisé. Elle fait émerger du sens. Soyez plus attentif : votre corps vous envoie une information sans que vous vous en rendiez compte. Cette carte dans votre tirage est là pour vous interpeller. Prenez le temps de répondre à ce questionnement : quels sont ces gros décalages entre ce que vous observez autour de vous et ce que vous avez imaginé ? Comment votre environnement entre-t-il en contradiction avec vos aspirations profondes ?

Votre rapport à l'autre

Méfiez-vous des raccourcis hâtifs qui deviennent de véritables mythes dans le décryptage du non-verbal : la microdémangeaison du nez ne veut pas forcément dire que votre interlocuteur est un menteur. Cela veut sans doute dire « qu'il ne sent pas la situation ». Les linguistes George Lakoff et Mark Johnson, notamment, ont démontré que les expressions que nous employons tous les jours sont loin d'être anecdotiques. Elles sont le résultat de notre câblage cognitif, elles sont constitutives de nos pensées. Se boucher le nez furtivement avec son pouce et son index, c'est, plus ou moins consciemment, figurer grâce à son corps l'image du « ça pue », « ça craint ». C'est d'ailleurs ce que les Anglo-Saxons nomment l'« embodied mind » : corps et esprit ne font qu'un.

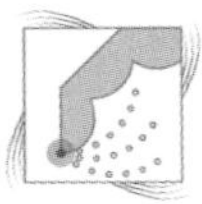

38. Le vrai sourire

Signification de cette carte

Héritage phylogénétique (lié à l'évolution de l'espèce), le sourire est multifacette. Dans la dernière classification datant de 2020, il en existe 19, et tous ont une signification différente. Pendant longtemps, certains chercheurs ont cru qu'il était la manifestation archaïque de la peur, émotion où les dents du bas sont visibles. Cette thèse a été récemment réfutée par le psychologue Paul Ekman qui établit la liste d'une vingtaine de sourires compris de manière universelle. Seul le vrai sourire, encore appelé « le sourire de Duchenne », du nom d'un chercheur français, serait associé à des émotions positives. On le reconnaît facilement : un vrai sourire active les muscles au coin des yeux, les fameuses pattes d'oie apparaissent. À l'inverse, le faux sourire n'active que la partie basse du visage.

Signification de cette carte dans votre tirage

Façade sociale ou vraie émotion ressentie, le sourire masque ou révèle. Cette carte dans votre tirage vous invite à y réfléchir : où vous situez-vous ? Acceptez-vous de vivre les émotions qui vous submergent ? Assumez-vous d'afficher vos ressentis ? Ou au contraire, avez-vous besoin d'une façade pour vous protéger ? Vos relations sociales sont-elles feintes ? Soyez rassuré, nous avons tous besoin de ménager nos « faces » et celles de nos congénères. C'est ce que nous rappelle le sociologue Erving Goffman. Selon lui, les interactions sociales sont avant tout un théâtre de jeu de rôles. Simplement, souvenez-vous que nos neurones miroirs s'activent en permanence : un sourire franc chez vous encourage un sourire sincère chez votre interlocuteur...

Votre rapport à l'autre

Êtes-vous décontenancé si l'autre ne vous renvoie pas votre sourire ? Il existe bien des différences culturelles concernant le sourire. En effet, un Russe affichera moins le sourire « ultra-bright » à l'américaine. Au-delà de ces distinctions de culture, le sourire joue un rôle physiologique. Et son absence n'est pas forcément négative en soi. Chose étonnante, on sourit davantage quand ça ne va pas : en plein mensonge pour masquer la peur d'être pris la main dans le sac, de manière asymétrique lorsque le mépris et la condescendance s'affichent, ou dans le cas de grande détresse pour garder « la face » et ne pas s'écrouler. « Sourire peu, mais vrai » serait peut-être un bon résumé de cette carte...

39. Les mains métaphoriques

Signification de cette carte

C'est souvent les oubliées du décryptage comportemental. Et pourtant... reliées de 70 à 80 % à nos aires cérébrales actives, les mains sont le reflet de notre activité cognitive. Moins trompeuses que les yeux ou le visage, elles sont un indicateur fiable de ce qui se passe dans la tête de l'autre. De nombreux chercheurs ont ainsi déconstruit le mythe du geste purement « ornemental », « rhétorique » ou pour faire « joli ». Sans mouvement des mains, pas d'élocution possible. D'ailleurs, le plus souvent, la main a un temps d'avance sur ce qui va être verbalisé. La main complète, rythme, accentue et permet le jaillissement du discours verbal.

Signification de cette carte dans votre tirage

Êtes-vous plutôt un Italien dans l'âme ou un Japonais ? Vous l'aurez compris, il existe des nuances culturelles. Les « Latins » paraissant souvent les plus expressifs. Pourtant, en deçà de ces contrastes culturels, la main remplit un rôle cognitif et moteur. Pour les paléoanthropologues, la main, c'est l'outil. Cette carte dans votre tirage vous invite à interroger votre rapport au monde et à la fabrication : quel est votre rapport au travail ? Qu'aimez-vous faire de vos mains ? Quelles sont ces activités manuelles qui vous satisfont ? L'une des causes du burn-out est l'absence de lien effectif entre le « produire » d'un côté et la « réalisation concrète » de l'autre. Que faites-vous de vos mains qui mettent du sens dans votre vie ?

Votre rapport à l'autre

Les métaphores de la vie quotidienne illustrent assez bien la dimension affective et relationnelle portée par la main. Ne dit-on pas couramment « un travail à deux mains », « avoir une main tendue » ou encore « main dans la main » ? Mais c'est aussi le champ des certitudes : « s'en laver les mains », en mettre « sa main à couper ». Plus efficace que certains décryptages, l'analyse des mains est signifiante : que font celles de votre vis-à-vis ? Sont-elles en hauteur ? Sont-elles à votre hauteur ? En absence de mouvement ?

Ou bien sont-elles devant la bouche ? Tour à tour conquérantes, syntoniques, vigilantes ou signes de malaise, elles viennent ici vous renseigner sur l'état d'esprit de votre interlocuteur.

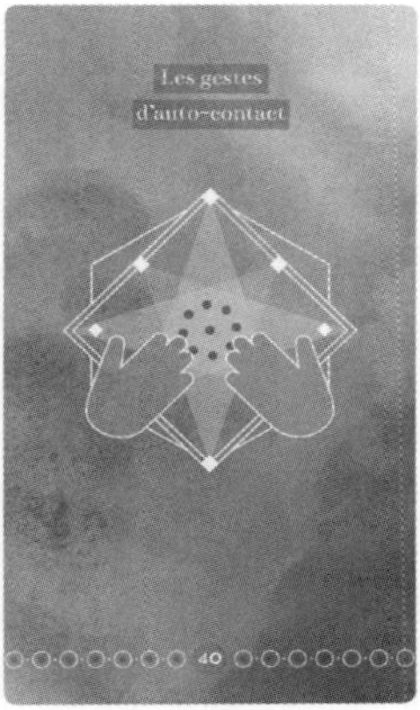

40. Les gestes d'auto-contact

Signification de cette carte

Également appelés « adaptateurs », ces types de gestes ont une fonction bien précise : apaiser un conflit interne en y apportant du réconfort ou de la consolation. Les gestes d'auto-contact non conscients (une main sur son propre torse ou une caresse rapide sur son visage à soi) ne sont pas forcément émis pour communiquer en soi mais ils traduisent bien un besoin de réassurance. À noter qu'ils sont souvent faits de manière quasi automatique. Ils semblent davantage apparaître lorsque la personne se sent impliquée ou concernée par la situation qui se déroule sous ses yeux. Les gestes d'auto-contact sont sincères lorsqu'ils sont fugaces et non volontaires.

Signification de cette carte dans votre tirage

Cette carte dans votre tirage vous pose une question : en quoi auriez-vous besoin d'être rassuré actuellement ? Qu'est-ce qui fait que vous auriez besoin de trouver une consolation ? Poursuivez dans cette logique spontanée des gestes adaptateurs. Avec honnêteté, reconnaissez qu'il est nécessaire de prendre soin de vous en ce moment. Comment pouvez-vous construire votre cocon intérieur ? Qu'est-ce qui vous a empêché de le faire jusqu'ici ? Comment pouvez-vous désormais prendre soin de vous dans les prochains jours, les prochaines semaines ? Ces questions demandent à être traitées avec honnêteté et lucidité.

Votre rapport à l'autre

Vous observez des gestes d'auto-contact chez votre interlocuteur ? Ce n'est pas la même chose si les doigts grattent, caressent ou se posent rapidement. Traduction d'un malaise ou d'une nervosité dans le premier cas, les gestes qui caressent sont, selon le contexte, une invitation à la séduction : microcaresses des cheveux et des bras étant les plus visibles lors des premiers rendez-vous. Mains simplement posées sur le torse, le bras ou les jambes de manière brève : la signification est tout autre, votre interlocuteur vous demande de le prendre en considération. Il est dans une démarche sincère.

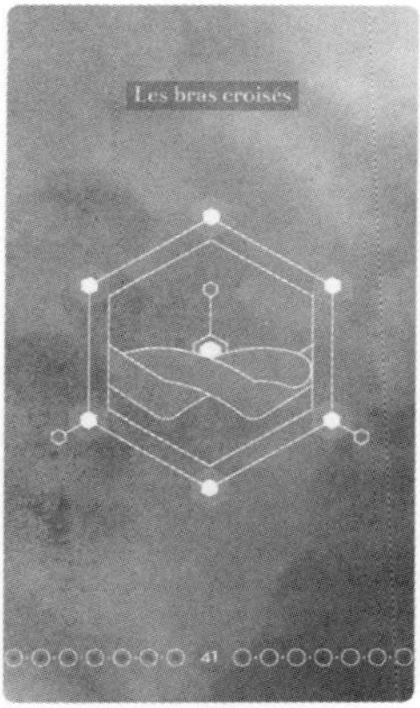

41. Les bras croisés

Signification de cette carte

Assez répandue par la PNL (programmation neurolinguistique), l'idée selon laquelle la fermeture des bras est associée à un rejet a la dent dure. Or ce n'est pas toujours vrai. Ce sont les autres parties du corps qui vont pouvoir vous renseigner sur l'état d'esprit de votre interlocuteur. La fermeture des bras peut être simplement le signe d'un retour à soi, d'une attention (ou focalisation) particulière à ce qui est en train de se passer. La personne est en mode analytique, elle prend du recul par rapport à la situation. En revanche, si vous commencez à observer un verrouillage de la chaîne posturale, c'est-à-dire sur d'autres parties du corps (sourcils froncés, bouche pincée, jambes croisées), alors oui, il s'agit bien d'un croisement de rejet et même, de désaccord.

Signification de cette carte dans votre tirage

Cette attitude a plutôt mauvaise réputation, ne serait-ce que dans la langue française : « rester les bras croisés », c'est dire « ne pas agir », « ne rien faire », voire « être un peu paumé ». C'est parce que, culturellement, on associe souvent l'inaction à une forme d'échec. Pourtant, la posture analytique de l'observateur est très utile, notamment dans les situations de crise émotionnelles. Cette carte dans votre tirage vous invite sans doute à accueillir cette partie de vous-même qui a besoin d'un temps de calme et d'analyse avant de communiquer sa décision. Rester les bras croisés, ça a aussi du bon. Ce qui n'est pas tout à fait la même chose que « tout rejeter d'un bloc ». Vous saisissez la nuance ?

Votre rapport à l'autre

Peut-être que vous supportez mal ceux qui restent les « bras croisés » ? Cette carte parle de la manière dont vous recevez cette attitude chez les autres. Pour le dire autrement, elle pose la question : comment l'inaction des autres a des répercussions sur votre vie ? Jusqu'où mésinterprétez-vous l'attitude de votre entourage ? Un simple geste de fermeture n'est pas un rejet total.

Et quand bien même ? Vous noterez bien que le rejet n'est pas observable à partir d'un seul item. Vous pouvez également observer la position des mains dans la fermeture des bras : les mains sont-elles cachées sous les bras, les poings sont-ils fermés, les bras sont-ils croisés très haut ? Si oui, il s'agit bien d'un désaccord total, pas toujours verbalisé.

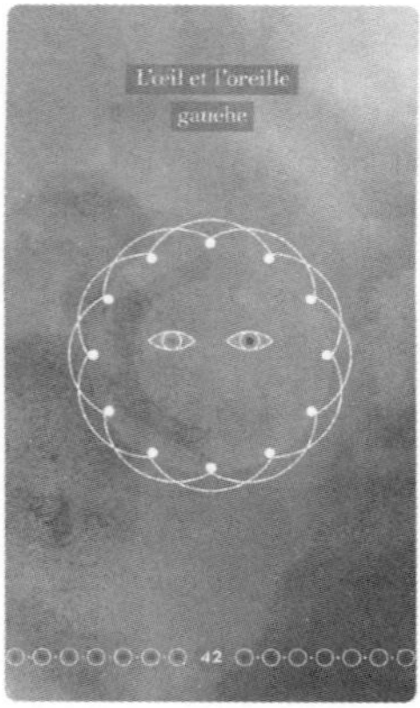

42. L'œil et l'oreille gauche

Signification de cette carte

C'est une découverte majeure du XXe siècle : le neuropsychologue Roger Sperry a eu le prix Nobel, en 1981, pour ses travaux sur la latéralisation des hémisphères cérébraux. Partiellement remise en cause par la théorie de la plasticité cérébrale, cette théorie semble tout de même avoir des conséquences sur nos comportements. Chez le poisson-zèbre, par exemple, les chercheurs ont observé une orientation du regard spécifique : l'œil droit (connecté à l'hémisphère gauche du cerveau) est davantage sollicité face aux prédateurs. À l'inverse, l'œil gauche (connecté à l'hémisphère gauche du cerveau) lorsqu'il s'agit de congénères. Et chez les humains ?

Signification de cette carte dans votre tirage

La partie du corps que vous montre votre vis-à-vis est un indice de la manière dont il vous perçoit ! Pour savoir s'il est davantage dans une dynamique analytique ou affective, regardez quelle oreille il vous montre le plus. C'est un bon moyen mnémotechnique pour repérer quelle partie du corps s'adresse à vous. D'après le Dr Philippe Turchet, même les personnes mal voyantes de l'œil gauche, lorsqu'elles sont dans une dynamique relationnelle, montrent davantage cet œil qui pourtant ne voit pas. Cette carte dans votre tirage vous interroge sur vos propres dynamiques interactionnelles. Êtes-vous conscient de la dynamique relationnelle que vous impulsez ? Êtes-vous plutôt du genre analytique ou relationnel ? Dit autrement, quelle est l'oreille que l'on voit le plus chez vous ?

Votre rapport à l'autre

Dans le domaine de la séduction, on observe une présence plus significative de la partie gauche du corps : l'œil gauche est plus ouvert, l'oreille gauche est plus visible, et la tête s'incline, plutôt à gauche. De manière générale, la partie gauche du visage est davantage vascularisée. Et rien à voir avec le fait que vous soyez gaucher ou droitier ! Si votre interlocuteur est séduit, il vous montrera donc davantage la partie gauche de son corps. À l'inverse, s'il vous montre la partie droite de son corps, c'est qu'il est davantage à distance. Cette opposition droite/gauche est l'une des dynamiques corporelles les plus visibles, et pourtant nous en avons très peu conscience. L'orientation du corps suffit à traduire un certain état d'esprit : dynamique relationnelle (gauche du corps) versus dynamique analytique (droite du corps).

43. Les émotions universelles

Signification de cette carte

Darwin postulait en 1872 l'universalité des émotions et de leurs manifestations. Dans la lignée de ce postulat, Paul Ekman et Wallace Friesen ont démontré, plus d'un siècle plus tard, que nous étions animés par six émotions primaires : la joie, la colère, la tristesse, le dégoût, la surprise et la peur. Plus tard, Ekman ajoutera le mépris comme émotion primaire. Plus récemment, la chercheuse Rachael Jack a démontré que les distinctions entre la colère et le dégoût, mais aussi entre la peur et la surprise, sont davantage sociales que biologiques. Il y aurait donc seulement quatre émotions universelles : la joie, la tristesse, la peur et la colère.

Ce sont celles qui sont reconnues rapidement par le nourrisson, dès les premiers jours de sa vie. S'ajoute ensuite un deuxième cercle d'émotions, plus complexes, davantage liées aux processus de socialisation de l'enfant, comme la honte, la fierté ou la culpabilité. C'est vers cet âge (4-6 ans) que les enfants sont capables de faire la différence entre les émotions feintes et les émotions réelles. Les émotions sont donc à la fois physiologiques et le produit d'une éducation.

Signification de cette carte dans votre tirage

Parfois difficiles à vivre, nos émotions sont l'indice que nous sommes en vie. Darwin parlait de « programmes génétiques ». Aujourd'hui, des chercheurs comme Paula Niedenthal parlent plutôt d'« émotion incarnée ». Mais allons plus loin, elles sont un feed-back par rapport à un événement vécu. Savez-vous les décrypter ? Quels messages vous envoient vos émotions ? La peur amène l'individu à passer à l'action : c'est une invitation au dépassement de soi. La tristesse est le symptôme d'une prise de conscience : une page est en train de se tourner, elle invite à l'acceptation. La colère est l'indice d'une valeur qui n'a pas été respectée, ce qui a déclenché un sentiment d'injustice : elle invite à la remise en cause. La joie est la seule émotion positive de la liste : elle invite au lâcher-prise.

Cette carte dans votre tirage vous invite à vous pencher sur l'émotion qui vous traverse actuellement pour mieux la comprendre.

Votre rapport à l'autre

Sachez que la zone du visage est la plus expressive : contrôler sa musculature faciale impose de grandes dépenses nerveuses. Nous avons 43 muscles sur cette zone, qui s'activent ou non pour transmettre une émotion particulière. C'est donc principalement en observant le visage de votre vis-à-vis que vous pouvez déterminer l'émotion qui le traverse. Pour autant, observer le corps sera un moyen de déterminer si l'émotion perçue au niveau du visage est juste. En effet, il existe des émotions travesties. Parfois, l'émotion ressentie est en contradiction avec l'émotion montrée. Il existe même ce que l'on appelle des « chimères » : ce sont des émotions, souvent invisibles à l'œil nu, car trop fugaces et passagères, contraires aux émotions montrées dans la durée. La chimère contredit l'émotion globale. Elle se repère principalement autour de la bouche et des sourcils. Enfin, retenez également que, le plus souvent, les émotions sont composites, c'est-à-dire combinées entre elles de manière complexe.

44. Le sourire de domination

Signification de cette carte

Cette appellation de « sourire de domination » provient des travaux de la chercheuse Magdalena Rychlowska. C'est la même chose que le « sourire de mépris » mis en exergue par Paul Ekman. C'est un type de sourire spécifique qui est facilement reconnaissable : c'est le seul qui soit asymétrique. La bouche s'étire horizontalement, voire de manière légèrement ascendante, mais d'un seul côté ! C'est l'opposé du sourire authentique, bien entendu. Il signifie davantage un « je t'ai bien eu parce que je suis meilleur que toi », qu'un réel « toutes mes félicitations ». Il ne s'agit donc pas d'un sourire de récompense qui se reconnaît par sa symétrie, ni d'un sourire d'affiliation qui se repère par la pression exercée sur les lèvres.

Signification de cette carte dans votre tirage

Et vous, quel est votre plus beau sourire ? Après tout, le sourire de côté et asymétrique n'est pas « mal » en soi, puisque c'est le fruit de notre évolution. Nous sommes issus de milliers d'années de survie, fondées sur des échanges sociaux qui n'auraient sans doute pu avoir lieu sans manipulation, jeux de rôles et petits (voire gros) mensonges. En ce qui concerne le sourire, s'ajoutent également des différences culturelles : les Américains sourient tellement que l'on enseigne aux immigrants à sourire davantage quand ils interagissent avec eux. Et le sourire de côté, au-delà de l'aspect hiérarchique peut se parer de couleurs plus ludiques : c'est aussi le sourire qu'arbore celui qui vient de faire une blague qu'il trouve particulièrement drôle. Il est fier de lui. Cette carte dans votre tirage vous invite peut-être à revoir vos préjugés concernant la condescendance : est-elle uniquement négative ?

Votre rapport à l'autre

Vous l'avez compris, le sourire de domination asymétrique est l'indice d'un rapport hiérarchique établi par votre interlocuteur. Il se positionne « au-dessus » de vous. Lubrifiant social dans les interactions quotidiennes, c'est le genre de sourire qui passe plutôt mal dans une prise de parole en public lorsqu'il est répété. Visible trop souvent, il se transforme en rictus et devient le marqueur d'un trait de personnalité « arrogant » et « méprisant ». Cela vous rappelle quelqu'un ? Produit de la phylogénétique, nous sommes très sensibles aux types de sourires observés, même si l'on n'en a pas toujours conscience. Pour autant, n'allez pas trop vite en besogne, un sourire de domination est vraiment « impoli », voire « mensonger », lorsque d'autres items apparaissent, par exemple, le menton relevé.

45. La poignée de main

Signification de cette carte

À la fois héritage symbolique de la coopération et de la salutation cordiale, la poignée de main renferme également une autre dimension plus archaïque : un rapport de pouvoir et de domination à l'autre. C'est une manière de se positionner hiérarchiquement, ni plus ni moins. Le psychologue américain Geoffrey Beattie précise : il est important d'observer ce que fait l'autre main. Vient-elle appuyer l'épaule de manière condescendante ? Vient-elle caresser ou tapoter le bras ? Ces gestes sont une manière d'asseoir son autorité, surtout si vous ne pouvez pas rendre la pareille ! Par ailleurs, le chercheur William Chaplin et son équipe ont démontré que les caractéristiques de la poignée de main renferment beaucoup d'informations sur la typologie de la personnalité, que nous percevons mais dont nous n'avons pas toujours conscience.

Signification de cette carte dans votre tirage

Et vous ? Comment serrez-vous la main ? De manière lente ou rapide ? Molle ou vigoureuse ? Tout cela traduit un certain tempérament. Les personnalités extraverties ont davantage tendance à avoir une poignée de main plus vigoureuse, plus longue, plus enserrante et avec un contact oculaire plus important. À l'inverse, les personnalités plus timides et introverties ont une poignée de main plus molle, du bout des doigts, plus rapide et les regards adressés sont moins nombreux. Cette carte dans votre tirage vient seulement vous indiquer que vous ne pouvez pas tout maîtriser de votre communication ! Elle agit aussi à un niveau inconscient : on ne choisit pas sa personnalité, on naît avec, selon les travaux du Dr Jacques Fradin. Seule une partie de son développement se termine aux alentours des 3 mois du nourrisson... Et si vous l'acceptiez une bonne fois pour toutes ?

Votre rapport à l'autre

Ce n'est pas toujours agréable ni confortable de savoir ce que l'autre pense, sans qu'il l'ait verbalisé, voire conscientisé... Mais si vous êtes prêt à prendre ce risque et que vous souhaitez le savoir, cette observation devrait beaucoup vous renseigner : la hauteur de la main. La prochaine fois que vous croiserez votre interlocuteur et que vous vous serrerez la main, notez la hauteur de sa poignée de main : c'est un indice très révélateur. Plus la poignée se fait haut (hauteur poitrine), plus il est ravi de vous voir. C'est l'indice d'une satisfaction liée à la situation. À l'inverse, une poignée de main à la hauteur des hanches est davantage le signe d'un geste réalisé de manière automatique, voire d'un geste obligé alors que le cœur n'y est pas... Si en plus le regard est orienté ailleurs que sur votre personne, laissez tomber : il a d'autres chats à fouetter.

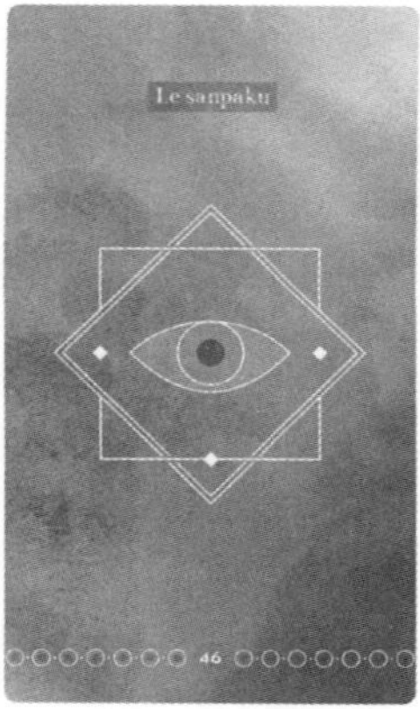

46. Le sanpaku

Signification de cette carte

Ce terme ne vous paraît pas familier, c'est normal : il est d'origine japonaise. C'est un phénomène physiologique et observable. Traduit mot pour mot, cela veut dire « trois points blancs ». Nous avons tous deux points blancs de part et d'autre de notre iris, c'est le blanc visible de l'œil. Mais parfois il arrive que la paupière du bas (aussi appelée fente palpébrale) se relâche : on voit alors apparaître un troisième point blanc. Ce relâchement de la paupière droite ou gauche, ou de manière symétrique pour les deux paupières, ne peut pas se contrôler. Il est le signal d'une grande fatigue cognitive et/ou émotionnelle.

Signification de cette carte dans votre tirage

Le message de cette carte est assez clair : faites une pause ! Que vous ayez ou pas encore un sanpaku, vous devriez ralentir la cadence. Pensez-vous être à ce point indispensable ? Qu'est-ce qui vous empêche de déléguer une partie de vos missions ? Une pause s'impose : « Les cimetières sont pleins de gens irremplaçables, qui ont tous été remplacés. » Cette citation de Clemenceau est pour vous ! Observez ces prochains jours comment, plus ou moins consciemment, vous vous débrouillez pour vous rendre indispensable… en réalité vous n'êtes pas seul sur votre île déserte. Que se passerait-il si vous responsabilisiez davantage votre entourage ?

Votre rapport à l'autre

Saviez-vous qu'aujourd'hui les diagnostics médicaux à distance se multiplient ? En plein essor de l'intelligence artificielle, certains logiciels facilitent la vie des médecins en posant un pré-diagnostic, et en leur faisant gagner du temps. Le sanpaku est l'un des paramètres les plus visibles et les plus facilement repérables par un ordinateur. Il en est de même pour la dilatation des pupilles. Ce sont souvent les deux items observés dans la zone des yeux par ces logiciels. Observer un sanpaku chez l'un de ses proches ou dans son entourage de travail devrait vous alerter : il est urgent que cette personne fasse une pause. Le sanpaku est l'un des indices les plus visibles du burn-out.

47. La goutte de malaise

Signification de cette carte

Le scientifique français Henri Laborit a mis en exergue nos diverses réactions reptiliennes en situation de stress : la fuite, la lutte, l'inhibition. Chacun de ces types de stress connaît des réactions physiologiques spécifiques. Concernant le stress de fuite, certains items apparaissent très rapidement lorsque l'on se sent « pris au piège » : déglutitions plus nombreuses, rires jaunes et intempestifs, gesticulations et bégaiements. L'expression « avoir la gorge nouée » renvoie à la bouche qui a tendance à s'assécher. Bien sûr, quel est le premier geste qui vise à rétablir un semblant de contrôle ? Se jeter sur le premier verre qui passe...

Signification de cette carte dans votre tirage

Seriez-vous du genre à feindre les émotions qui vous traversent réellement ? Préférez-vous donner l'impression d'une personne qui contrôle la situation, même si ce n'est pas vrai ? Cette carte dans votre tirage vous indique qu'il y a un léger écart entre les signes que vous communiquez et la réalité de ce que vous vivez. Quel est ce malaise sous-jacent ? Qu'est-ce qui vous empêche de le verbaliser ? À vous-même ? À un interlocuteur en particulier ? Vous renvoyez les items du contrôle. Parfois il vaut mieux poser un diagnostic clair sur une situation vécue plutôt que de se voiler la face.

Votre rapport à l'autre

En mettant de côté les raisons médicales (vieillesse, médication type anxiolytique ou antidépresseur), il est toujours très intéressant d'observer le moment où votre interlocuteur éprouve le besoin de boire. Sur les plateaux télévisés, c'est un pattern : à chaque fois que l'invité ou l'animateur d'un plateau se sent émotionnellement débordé, il a tendance à se réfugier dans le verre posé devant lui. C'est un bon indicateur, car il déjoue les tentatives de contrôle apparentes. D'ailleurs, vous pouvez également le tester avec vos proches. Dans un café, commencez à évoquer vos problèmes d'argent récurrents ces derniers temps, vos difficultés à joindre les deux bouts avec l'un de vos amis... et observez sa réaction. La plongée dans le verre ne devrait pas trop se faire attendre.

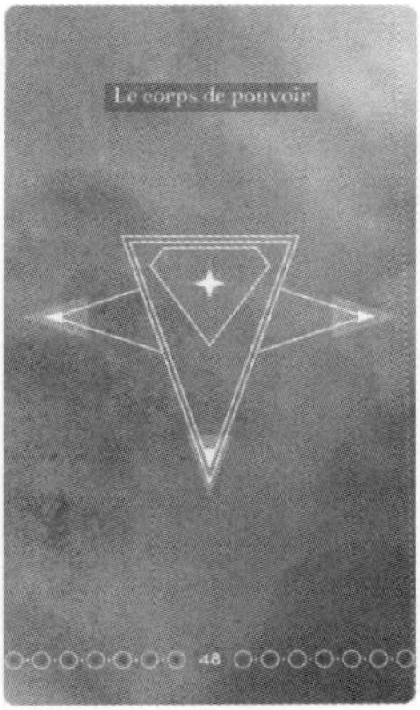

48. Le corps de pouvoir

Signification de cette carte

La psychologue Amy Cuddy a travaillé sur « les postures du pouvoir ». Elles sont assez visibles, même si nous ne les décodons pas toujours de manière consciente. Il y a bien un rapport entre la manière dont le corps occupe l'espace et le fonctionnement cognitif de la personne, c'est-à-dire son état d'esprit. Ainsi, les bras en hauteur et loin du buste permettent au locuteur d'occuper l'espace. Toutes ces attitudes qui permettent d'augmenter sa taille fonctionnent : les bras en V de la victoire, les bras derrière la tête (souvent associés aux pieds sur la table), ou encore la main sur la table de manière affirmative.

Inconsciemment, le locuteur déploie son ego. Et c'est proportionnel : plus le corps occupe l'espace de manière visible, plus l'ego et l'affirmation de soi sont présents.

Signification de cette carte dans votre tirage

Seriez-vous un Conquérant ou une Conquérante dans l'âme ? Quel est votre rapport au pouvoir ? Sur quels sujets avez-vous besoin de vous affirmer en ce moment ? Cette carte dans votre tirage vous conforte dans l'idée que la situation que vous traversez en ce moment impose une présence visible de votre part. Vous avez votre mot à dire, et vous devriez le faire savoir. Un petit conseil si vous souhaitez prendre de la contenance avant une prise de parole importante. Les mains sur les hanches, façon Superman ou Wonder Woman, pendant deux minutes, vont faire grimper votre taux de testostérone de... 20 à 30 % ! De quoi vous chauffer avant d'entrer en scène.

Votre rapport à l'autre

Ces postures de pouvoir sont les plus faciles à observer, notamment chez les politiciens, comme Trump ou Poutine. D'ailleurs, le plus souvent ils ne se contentent pas de faire de grands gestes avec les bras, ils ont tendance à synchroniser la partie basse de leur corps : les jambes s'écartent le plus possible. C'est ce que l'on appelle le

« manspreading », car plus visible chez les hommes que chez les femmes, notamment dans les transports en commun. Amusez-vous à les observer lors du prochain G7, ou de la prochaine réunion avec votre boss ou un client : celui qui, assis, écarte le plus les jambes est celui qui veut davantage marquer son territoire.

49. Les paumes de main visibles

Signification de cette carte

C'est un item qui a plusieurs significations. Dans le cadre d'une rencontre, la paume de la main visible renvoie symboliquement à la salutation. C'est sans doute un héritage culturel du « regarde, je suis sans arme, tu peux me faire confiance ». Ce geste amical, culturellement codifié, vise à créer du lien social et de la confiance. En dehors de ce contexte, la paume de la main visible prend une tout autre signification, sans doute plus physiologique : celle du rejet. Lorsque vous exprimez avec la main un désaccord, ou un non, la paume de la main est présentée face à l'autre de manière très visible. Permettons-nous cette extrapolation : plus la paume de la main est visible, plus le rejet est fort.

Signification de cette carte dans votre tirage

Accueil ou rejet ? Comment vivez-vous la situation que vous rencontrez aujourd'hui ? Ces dernières décennies, nous avons tendance à cultiver la « positive attitude ». Certains chercheurs ont même été jusqu'à parler de cette dictature de la pensée : « l'happycratie ». Pourtant le « non » est également salutaire. Albert Camus énonce dans *L'Homme révolté* (1951) : « Qu'est-ce qu'un homme révolté ? Un homme qui dit non. Mais s'il refuse, il ne renonce pas : c'est un homme qui dit oui, dès son premier mouvement. » Cette carte dans votre tirage vous rappelle que la dictature du « oui » a ses limites, et qu'un « non » n'est pas forcément une fermeture définitive...

Votre rapport à l'autre

Dans les discours politiques, les paumes visibles sont nombreuses, et le plus souvent associées à du rejet. Une fois les salutations effectuées, le politicien commence son monologue, et il est toujours très pertinent d'observer les mains : à quel moment les paumes de main sont les plus visibles ? Est-ce lorsqu'il parle du programme de son adversaire ? Si c'est le cas, c'est plutôt logique. Mais ce n'est pas toujours vrai. Si la paume est visible sur un point central de son programme, cela peut être l'indice d'un conflit intérieur. Est-ce que la paume de main est visible lorsqu'il évoque des valeurs particulières ? Si oui, lesquelles ? L'observation des paumes vous permet de déterminer une échelle hiérarchique des valeurs.

50. Les jambes croisées

Signification de cette carte

Avez-vous remarqué ce phénomène étrange : croisez les bras d'un côté... puis de l'autre. Vraiment, faites-le. Cela ne prend que quelques secondes... Qu'observez-vous ? Vous devriez vous rendre compte que le premier croisement est très facile, le second beaucoup moins... Faites la même chose avec les jambes : croisez-les d'un côté, puis de l'autre. Qu'observez-vous ? Le croisement de jambes d'un côté, comme de l'autre, ne pose aucun problème. Comment expliquer cette différence entre le haut et le bas du corps ? Vraisemblablement, notre croisement de bras est le fruit d'un héritage, alors que le croisement de jambes est davantage systémique. Cela veut dire que le croisement de jambes est lié à notre environnement, à la situation, ou aux interlocuteurs présents.

Signification de cette carte dans votre tirage

Le croisement de jambes est intéressant à plusieurs égards : en un coup d'œil, vous pouvez en déduire l'état d'esprit de la personne par rapport à ce que vous lui dites, par rapport à la situation ou par rapport à vous. Et pour autant, vous ne pouvez en déduire qu'une partie de la réalité. Prenons un exemple, vous êtes au cinéma. La salle est pleine. Si vous êtes situé en milieu de rangée, vous avez bien à la fois un interlocuteur à droite ET un interlocuteur à gauche. Selon votre croisement de jambes, vous êtes bien à la fois en ouverture par rapport à l'un ET en fermeture par rapport à l'autre. Cette carte dans votre tirage vous rappelle que la fermeture et l'ouverture sont le recto et le verso d'une même page : vous avez à la fois l'un ET l'autre.

Votre rapport à l'autre

Selon l'orientation de ce croisement de jambes, on peut donc en déduire la qualité d'une relation. Observez les amoureux sur les bancs publics : chacune de leur jambe qui croise, celle du dessus, se rejoint… comme pour former un cœur. Ici, l'état relationnel est plutôt celui du partage, de l'enthousiasme et de la confiance. À l'inverse, lorsque les jambes qui croisent, toujours celles du dessus, ne se rejoignent pas mais s'opposent dans les directions opposées, c'est plutôt un signe de fermeture. Vous suivez ? Dit autrement : une pointe de genou tournée vers l'autre signifie une dynamique relationnelle ouverte à l'autre. À l'inverse, la pointe du genou tournée vers l'extérieur positionne la jambe comme une barrière de protection : l'autre se protège, rejette, ou bien focalise son attention ailleurs.

51. La main manipule un objet

Signification de cette carte

La dynamique corporelle répond à plusieurs enjeux : physiologiques, culturels et contextuels. Un corps qui s'analyse, c'est souvent un corps en interaction, ou bien circonscrit dans un espace particulier. Par exemple, dans un bureau, il y a des tableaux, des tables et tout autre type d'objets. Lorsque vous êtes face à une personne, il est toujours intéressant d'observer quand celle-ci va se mettre à manipuler un objet. Cette focalisation de la main sur un objet, également appelée « gestes manipulateurs » dans la typologie de Paul Ekman et Wallace Friesen, traduit le plus souvent un besoin de réassurance.

Signification de cette carte dans votre tirage

Symboliquement, manipuler un objet, c'est aussi mettre de la distance entre soi et l'autre. Visualisez ce geste que l'on peut se faire à soi-même : les mains resserrées sur les pans de sa veste. Il signifie « c'est moi le patron ou la patronne, allez, on se recentre ». Derrière cette hyper-affirmation de soi se cachent un certain inconfort et un besoin de réassurance. Tournée vers soi ou vers les objets de l'extérieur, la focalisation des mains traduit un besoin de « se rassembler » pour faire face. Cette carte dans votre tirage vous invite sans doute à aller de l'avant de manière affirmative, même si vous ne vous sentez pas encore prêt.

Votre rapport à l'autre

Pourquoi manipuler un stylo ou un verre à ce moment précis de la conversation ? Votre interlocuteur vous envoie le signe inconscient qu'il n'est pas à l'aise avec le sujet que vous venez d'aborder. Parfois, il est plus pertinent d'analyser le moment où le geste se fait, plutôt que la signification du geste en lui-même. D'ailleurs, même la posture très affirmative de pouvoir avec les deux mains sur la table trahit un besoin de réassurance en dessous de la démonstration de force. Pourquoi votre collègue ou votre boss en fait des caisses à ce moment-là précisément ?

52. Le rythme dans la peau

Signification de cette carte

C'est l'un des indices les plus subtils à observer : le rythme du corps et de ses gestes. Par exemple, lorsque le corps bascule de droite à gauche, ou d'avant en arrière de manière monotone et répétitive, cela va souvent de pair avec une parole de type « langue de bois ». Ce corps « automate » et « désincarné » est comme bercé par les paroles qu'il se dicte. Une monotonie que l'on retrouve généralement dans le timbre de la voix. À l'inverse, un corps dont les gestes sont désordonnés, décousus, non symétriques, est un corps incarné, sans doute en train de vivre, ou de revivre, ce qui est raconté.

Signification de cette carte dans votre tirage

Cette carte parle de musicalité, de rupture de rythme, de vie : acceptez-vous de vous laisser porter ou bien tentez-vous de tout rationaliser et expliquer ? Il y a un temps pour tout. Et les deux sont nécessaires. Cette carte dans votre tirage vous indique que c'est sans doute le moment pour se laisser aller et se laisser vivre. Le mélomane trouve sa liberté une fois que toute la mélodie a été construite. C'est dans les interstices de ce qui n'a pas été formalisé ou pensé que naît la créativité : c'est l'une des définitions possibles de l'improvisation. Sur scène, les jazzmen oscillent constamment entre une partition écrite à la note près, et un champ d'expérience improvisé. L'un n'a pas de sens sans l'autre.

Votre rapport à l'autre

Le menteur aura tendance à entrer dans une litanie rythmique. Il doit se concentrer si fort sur la construction de son boniment qu'il lui est difficile d'improviser un rythme inattendu. Par exemple, impossible pour lui de reproduire le rythme d'une musique en tapotant des doigts sur la table. Pendant qu'il vous fait prendre des vessies pour des lanternes, le menteur utilise déjà de nombreuses aires cérébrales. Il ne peut pas tout faire en même temps ! L'inverse est également vrai. Plus une personne est sincère et authentique, plus le rythme de son corps va être libre, laissant place à des gestes parfois désordonnés, décousus. En résumé, les ruptures de rythme sont synonymes de bonne foi. En définitive, c'est la fixité des gestes dans le temps qui trahit le menteur : sourire trop visible dans la durée, arcade sourcillière relevée trop longtemps, absence de clignement de paupières. Tous ces items ont un point en commun : ils trahissent un masque.

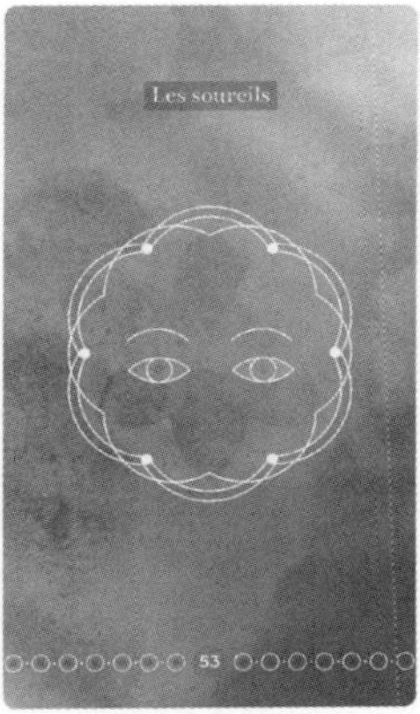

53. Les sourcils

Signification de cette carte

C'est la zone la plus expressive du visage ! Contrairement à ce que l'on peut penser, les sourcils n'ont pas qu'un rôle physiologique : ils ne sont pas uniquement là pour retenir la sueur et l'empêcher de couler dans vos yeux. À partir d'observations, le scientifique Eibl-Eibesfeldt a montré que le haussement des deux sourcils est une forme de salutation universelle. Lorsque deux personnes s'apprécient et se retrouvent, il y a un rapide haussement des deux sourcils. Dans notre évolution, les sourcils ont donc joué un rôle majeur. Ils permettent de ponctuer la relation en envoyant un signal de « reconnaissance tribale ». Également, ils accentuent l'expressivité faciale des émotions, et donc font « passer le message ». Ce sont les ponctuateurs non verbaux de nos messages. Ils signifient donc « j'insiste sur ce point ».

Signification de cette carte dans votre tirage

Comme vous le savez, le froncement de sourcils est associé à l'émotion de la colère. Ils sont davantage activés et relevés lors de l'expression de deux autres émotions négatives : la peur et la surprise. Cette carte dans votre tirage vous interpelle donc sur deux aspects. Le premier porte sur les émotions : comment laissez-vous les émotions négatives vous traverser ? Les bloquez-vous ? Les incarnez-vous ? Ou font-elles tout simplement leur chemin ? Le second aspect concerne davantage la volonté de convaincre : êtes-vous si peu sûr de vous en ce moment ? La suractivité des sourcils dans l'interaction montre la volonté d'argumenter. Or lorsque l'on a confiance en soi et ses positions, le regard et la pensée de l'autre sont-ils pertinents ? Comment pourriez-vous vous surprendre en sortant de ce mode argumentatif ?

Votre rapport à l'autre

Héritage phylogénétique, les sourcils sont utilisés comme signe de reconnaissance, afin de rassurer de son appartenance à un groupe : « Hé bonjour, tu me reconnais ? » veulent-ils signifier.

Voici donc une technique de drague imparable. Lorsque vous vous promenez dans la rue ou que vous êtes dans les transports, si vous soulevez vos sourcils comme pour dire bonjour à une personne que vous croisez, elle ne pourra pas s'empêcher de croire ou de penser que vous vous connaissez déjà... Vous engagerez la conversation beaucoup plus facilement. En effet, on ne peut pas s'empêcher de réagir à ce type d'indices corporels émis par nos congénères... Même aujourd'hui dans nos mondes « modernes » et « civilisés ».

54. L'orientation du buste

Signification de cette carte

Il y a presque 130 ans, le philosophe et psychologue américain William James développait sa « théorie de l'émotion ». Il avait déjà observé que l'orientation du buste est un item important et observable au sein des interactions humaines et sociales. De manière audacieuse et visionnaire, il établit une typologie des principales orientations possibles du buste et du haut du corps : la posture de rejet, la posture en expansion, la posture de contraction et la posture en approche. Chacune de ces postures rappelle les quatre sémiotypes de base de ces cartes : le Vigilant, le Conquérant, le Pragmatique et le Syntonique. L'orientation du buste est un indicateur général fiable d'intérêt ou de désintérêt.

Signification de cette carte dans votre tirage

Relier un état corporel à un état d'esprit, voici qui est audacieux mais actuellement admis. Il aura fallu les découvertes de ces dernières années dans le champ scientifique pour que ce postulat soit (enfin) validé. Aussi, le psychologue français Jean-Claude Abric nous rappelle que : « La posture est un indicateur des motivations et des attitudes de celui qui la développe. Dès lors, tout changement de posture d'un locuteur dans une interaction a une signification : elle témoigne de l'évolution et de la transformation de ses attitudes, de sa relation à l'autre » (Psychologie de la communication, 2012). Cette carte dans votre tirage parle donc d'un changement d'attitude : savez-vous écouter votre corps ? Vers quels projets et quelles envies votre corps exprime un « allant vers » ?

Votre rapport à l'autre

Vous l'avez compris, l'orientation du buste trahit la pensée de votre interlocuteur. La posture de rejet, où le corps se détourne et où le buste part en arrière, rappelle le sémiotype du Vigilant. La posture en expansion où le corps occupe l'espace et où les gestes sont relevés rappelle le sémiotype du Conquérant. La posture en contraction, où la tête fléchit vers le bas et où les épaules sont tombantes, rappelle le sémiotype du Pragmatique. La posture en approche, quant à elle, où le buste est incliné vers l'autre et la tête en avant, rappelle le sémiotype du Syntonique. Enfin, dernier indice, lorsque l'orientation du buste et celle de la pointe des pieds ne vont pas dans la même direction, cela traduit un « conflit intérieur ». Le buste de votre vis-à-vis vous fait face mais les pointes des pieds sont orientées vers la porte ? Il vous écoute par politesse mais souhaite partir le plus vite possible.

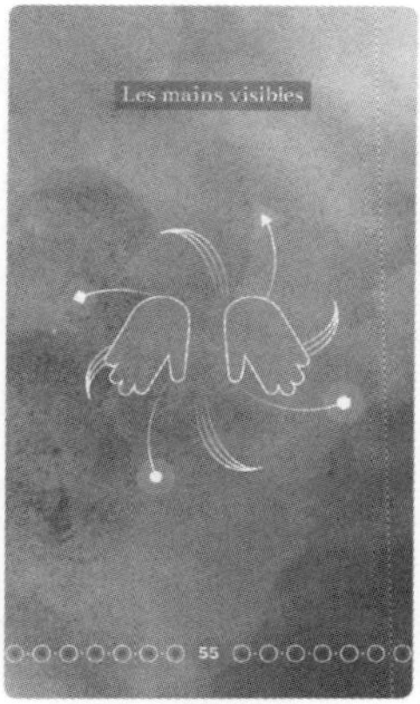

55. Les mains visibles

Signification de cette carte

Comme vous le savez, les mains sont la partie la plus visible de nos mécanismes cognitifs. Le psychologue Geoffrey Beattie l'affirme : « Les mains ne mentent pas. » Selon lui, elles seraient même l'indice de toute cette activité sous-jacente drainée par l'inconscient. Leur position est donc intéressante à analyser : cachées ou dans les poches, elles renvoient davantage à un retour sur soi, voire à un non-dit. Les poings serrés indiquent une forte charge émotionnelle liée à l'affirmation de soi, voire à l'agressivité. Quant à l'index, il est le plus souvent accusateur, adressé à l'autre comme une menace préalable.

Signification de cette carte dans votre tirage

Êtes-vous du genre à montrer patte blanche (« haut les mains, peau de lapin »), comme pour rassurer l'autre que vous ne portez pas d'arme à la main ? Ou bien êtes-vous plutôt du genre à ne pas savoir quoi faire de vos mains ? Cette carte dans votre tirage vous indique sans doute qu'il est l'heure de faire un choix et de vous positionner par rapport à une situation ou à votre entourage : quel camp allez-vous choisir ? Décidez-vous de rendre les armes ? Et il est temps de le faire savoir. Cette carte est celle de l'explicite et du visible.

Votre rapport à l'autre

Contrairement à une idée reçue, l'observation du visage (zone fortement émotionnelle) nous induit le plus souvent en erreur : la vérité se trouverait dans le blanc des yeux, ou les « yeux dans les yeux », ou encore les yeux seraient le « miroir de l'âme ». Pourtant, vous ferez moins d'erreurs d'interprétation en observant les mains de votre interlocuteur. Retenez que des mains cachées dans les poches indiquent un certain malaise, un retour à soi (assez souvent visible chez un orateur en début ou fin d'intervention). Des mains qui partent se cacher sous la table lors d'un interrogatoire devraient vous interroger fortement.

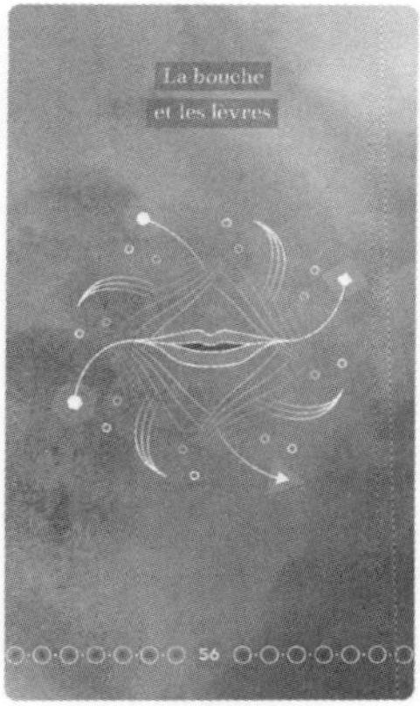

56. La bouche et les lèvres

Signification de cette carte

Voici une zone du corps hautement symbolique : c'est l'interface qui permet au monde extérieur de pénétrer en notre monde intérieur. Le neuropsychiatre Julian de Ajuriaguerra nous rappelle que l'ouverture ou la fermeture de la bouche est une manière de s'offrir ou de se refuser au monde. En effet, la bouche est l'un des premiers moyens d'exploration du monde pour les bébés. Lorsqu'ils mettent un objet dans leur bouche, c'est une manière pour eux de le découvrir. Ce mouvement main-bouche est un « pattern inné », c'est-à-dire un mouvement spontané. Il permet également à l'enfant de développer sa proprioception, soit la perception plus ou moins consciente des différentes parties de notre corps.

Signification de cette carte dans votre tirage

Lieu de transit de la nourriture physique, c'est aussi le lieu de la création de la nourriture spirituelle : le verbe. Pour l'anthroposophe Rudolf Steiner, la bouche « est le miroir de l'Homme », reflet de notre intériorité. Bien sûr, les lèvres font également partie de cet ensemble. Et le zoologiste Desmond Morris nous rappelle combien cette zone est érogène. Selon lui, le maquillage des lèvres par les femmes est une métaphore de leur zone intime. Une interprétation qui n'a pas échappé aux publicitaires... Quoi qu'il en soit, la bouche est une zone créatrice, lieu de passage entre deux mondes (le soi et l'extérieur). Cette carte dans votre tirage vous rappelle à votre pouvoir créateur et vous interroge : que laissez-vous jaillir de vous-même ?

Votre rapport à l'autre

Cette zone est extrêmement intéressante à observer. Une main devant la bouche signifie une gêne ou le fait de ne pas vouloir s'exprimer (ou être interrogé) sur le sujet évoqué. Les lèvres pincées et aspirées à l'intérieur, appelées également « bouche en huître », signifient davantage que des propos sont retenus, qu'il ne faut surtout pas parler : je garde quelque chose pour moi que je ne souhaite pas communiquer (non-dit). Les roulements de langue à l'intérieur de la bouche, souvent visibles sur les côtés, car ils gonflent les joues, signifient également qu'un propos est retenu, même si l'on n'en pense pas moins... Enfin, les lèvres mordillées peuvent avoir une signification contraire. Dans un cas, elles renvoient à une gêne : c'est un item de stress. Alors qu'en contexte de séduction, elles signifient l'envie d'aller plus loin.

57. La bonne distance

Signification de cette carte

La distance entre les individus est un autre item très pertinent à observer. On parle de « proxémie » ou de « distance proxémique » pour analyser le nombre de centimètres qui séparent les individus. C'est dans tous les cas le concept développé par l'anthropologue Edward T. Hall qui s'est passionné pour les différences culturelles dans la gestion de l'espace entre les individus. Hall établit une typologie des distances sociales : à plus de 3,60 mètres, c'est la distance publique (celle de la prise de parole publique), entre 1,20 et 3,60 m, c'est la distance sociale (celle avec les amis et collègues), entre 45 et 125 cm, c'est la distance personnelle (celle de la conversation), en deçà, c'est la distance intime (celle de l'échange physique).

Signification de cette carte dans votre tirage

Ces « bulles invisibles » nous renseignent sur les enjeux de la relation. En effet, la distance entre les individus n'est pas que spatiale : elle est (surtout) symbolique et émotionnelle. En analysant les mythes et en observant certaines tribus, les Indiens Maudan notamment, Claude Lévi-Strauss a défini le concept de « bonne distance ». Ainsi le Soleil, à la bonne distance de la Terre, a permis le développement de la vie ; les hommes à la bonne distance les uns des autres échappent au conflit ; et le feu de cuisine, à la bonne distance des aliments, permet de les cuire sans les brûler. Cette carte dans votre tirage vient vous rappeler qu'il est nécessaire de préserver cette « bonne distance », que ce soit avec votre entourage, ou bien dans vos projets.

Votre rapport à l'autre

En deçà des différences culturelles, il y a bien entendu une gestion interindividuelle et hiérarchique de la distance. Voici un bon indice pour repérer le sémiotype en face de vous. Ceux qui entrent dans votre espace et raffolent des accolades sont plutôt syntoniques. Au contraire, ceux qui fuient tout contact et restent à bonne distance sont plutôt vigilants. Les Conquérants et Pragmatiques se mettent généralement à une distance de sociabilité modérée, ce qui les différencie, c'est la hauteur (au-dessus ou en dessous). Enfin, sachez que dans une situation de négociation, l'orientation des corps dans l'espace a toute son importance. Être assis face à face renforce le sentiment de compétition. Être assis côte à côte renforce le sentiment de coopération.

FAMILLE IV
CARTES MYTHOLOGIES

58. On ne peut pas changer les gens

Signification de cette carte

Voici sans doute l'une des croyances les plus répandues... en mettant de la bonne volonté et un peu - voire beaucoup - d'huile de coude, on peut réussir à changer les gens, les convaincre, les façonner à notre manière de percevoir le monde. Eh bien, cet autre adage bien connu nous dit le contraire... « On ne fait pas boire un âne qui n'a pas soif ! » Et c'est aussi ce que nous disent les neurosciences... Les zones cérébrales dédiées aux valeurs, aux croyances et aux certitudes sont archaïques et héritées d'un fonctionnement ancestral. Elles sont logées dans les territoires limbiques de notre cerveau. Et vous pensez que vous allez pouvoir les modifier comme cela ? À l'échelle plus individuelle, ces zones constituent ce que les psychologues appellent la « consistance » de la personnalité.

Signification de cette carte dans votre tirage

Plus étonnant encore, les derniers travaux des psychiatres français Boris Cyrulnik et Patrick Lemoine, portant sur de nombreuses archives : peu importe les époques, peu importe les cultures, peu importe les lieux géographiques, il existe une répartition stable dans la population humaine de bipolarité (2 % environ) et de schizophrénie (1 % environ). Vous comprenez maintenant mieux pourquoi il est peine perdue de vouloir changer ses interlocuteurs. On peut émettre l'hypothèse, comme le docteur Fradin, que chacun vient au monde avec une sorte de « ligne de consigne ». Cette place jouerait un rôle de préservation à l'échelle de l'espace. Et vous, quelle est votre place ? Naturellement mâle ou femelle alpha ? Ou plutôt à l'écart du groupe volontairement ? Au contraire, en fusion avec lui ?

Votre rapport à l'autre

Mettez-vous tant d'ardeur à vouloir convaincre les personnes qui vous entourent ? En quoi est-ce acceptable/inacceptable pour vous que l'on puisse penser différemment de vous ? Prenez quelques instants pour repenser à une valeur non négociable pour vous (la ponctualité, l'empathie, l'excellence, par exemple). Y a-t-il une personne de votre entourage qui joue le rôle du poil à gratter sur cette valeur ? Pour vous soulager, au moins temporairement, voici un exercice simple : il consiste à trouver au moins trois avantages à l'anti-valeur qui vous hérisse le poil et les désavantages de cette valeur que vous prônez par-dessus tout. Prenons par exemple la ponctualité : quels sont les trois avantages à être en retard ? Quels sont les trois inconvénients à être ponctuel ?

59. La connerie est contagieuse

Signification de cette carte

C'est un fait que l'on a tendance à prendre à la légère. Comme si nous étions immunisés naturellement contre la connerie ambiante... Eh bien, les dernières recherches montrent l'inverse. D'une part, nous sommes perméables à certains contenus qui nous entourent. Deux chercheuses en psychologie et neurosciences ont ainsi montré comment les discours haineux entendus allaient jusqu'à modifier notre cerveau... En effet, l'imagerie cérébrale montre que le réseau cérébral lié à l'empathie et à la cognition sociale est beaucoup moins actif. D'autre part, nous sommes parfois plus influençables que nous le pensons au sein d'un collectif. Dans la continuité des travaux du psychologue Solomon Asch, d'autres chercheurs ont montré que la pression sociale va jusqu'à modifier notre perception de la réalité.

Signification de cette carte dans votre tirage

Voici les trois bonnes questions à vous poser pour savoir si vous êtes concerné par la connerie de votre entourage.

1- Les connards de votre entourage sont-ils nombreux ?

2- Est-ce que vous subissez leur connerie de manière fréquente ? Plusieurs fois par semaine ?

3- Est-ce que le con en question a plus de pouvoir hiérarchique que vous ?

Plus vous avez répondu par l'affirmative à ces trois questions, plus vous devez vous protéger et agir. Se prémunir de la connerie, ce n'est pas simple. Mais cette carte dans votre tirage vous invite à passer à l'action, avant qu'il ne soit trop tard...

Votre rapport à l'autre

Il y a donc une bonne et une mauvaise nouvelle. La mauvaise nouvelle, c'est qu'il est des situations qu'il vaut mieux accepter plutôt que d'y laisser ses plumes. Surtout face à un vrai con, car ils existent ! Il ne sert à rien de s'évertuer à vouloir changer le comportement de la personne ni à la rendre moins bête. Passez votre chemin. Et sachez qu'il y a une bonne nouvelle : dans la majorité des cas, le con est simplement un individu avec lequel vous avez du mal à échanger. Il n'a pas les mêmes lunettes que vous, pas le même vécu, pas la même expérience, pas les mêmes valeurs. Mais est-ce un con pour autant ? Et vous, de qui êtes-vous le con ?

60. Les mots ont un pouvoir

Signification de cette carte

Si vous pensez que les mots sont juste des mots, il est grand temps de vous (r)éveiller : les mots construisent notre réel. Loin d'être de simples étiquettes, ils façonnent notre manière d'être en contact avec le réel. Selon les cultures, certains mots existent, d'autres pas. La langue compartimente le réel et l'organise en fonction de critères pertinents préétablis. La perception du réel est donc surtout culturelle, en plus d'être physiologique. Allons plus loin, les mots agissent sur notre réel. C'est ce que l'on appelle la « performativité du langage ». Le linguiste John Austin s'est d'ailleurs amusé à répertorier ces énoncés qui modifient le réel juste avec la parole. Exemple souvent cité, celui du maire : « Je vous déclare mari et femme. » Il a simplement parlé, et pourtant le réel des personnes est changé.

Signification de cette carte dans votre tirage

Vous doutez encore ? Voici une histoire qui devrait vous plaire. Début 2015, une association de Seattle engagée dans la défense des droits des cyclistes a mis en place une charte linguistique préconisant de remplacer le mot « cycliste » par « personne faisant du vélo », et le mot « accident » par « la personne qui conduisait une voiture est entrée en collision avec... ». Ce vocabulaire revu et corrigé a permis de personnifier l'événement : un accident de la route n'est pas un « manque de bol » ou le fruit du hasard. C'est bien le résultat d'une décision. Devinez quoi ? À la suite de cette campagne, le nombre d'accidents à Seattle a nettement diminué. Cette carte dans votre tirage vous invite à porter davantage attention aux termes que vous utilisez.

Votre rapport à l'autre

Les mots sont magiques : ils sont aussi une fenêtre sur l'univers mental de l'autre. Un vocabulaire très prospectif, tourné vers des « enjeux d'avenir » sera davantage l'apanage du Conquérant. Le Vigilant, lui, favorisera un discours analytique, neutre, objectif et désincarné. Alors que le

Pragmatique fera de nombreuses références au « mode d'emploi » et à la « procédure ». Le Syntonique, lui, s'incarnera davantage dans un discours émotionnel et engagé du type « j'aime / j'aime pas ». Il ne vous reste plus qu'à observer sa gestuelle pour savoir si le plan verbal est congruent avec le non-verbal.

61. La confiance, ça se donne !

Signification de cette carte

Voici une autre belle idée reçue : « La confiance, ça se mérite ! » C'est ce que l'on vous a appris ? Eh bien, détrompez-vous. Les meilleurs négociateurs du monde, surtout ceux des forces de police et d'intervention, le savent bien : partir de ce postulat est la meilleure des façons d'aboutir à un échec. Pourquoi ? Parce qu'en émettant une réserve de confiance dès le départ, vous n'allez attendre qu'une seule chose : des preuves. Autrement dit, vous mettez d'entrée de jeu l'autre (et vous-même) dans une posture loin d'être neutre et impartiale. Or, tous vos interlocuteurs n'ont peut-être pas envie d'endosser la posture de Dieu qui guide saint Thomas... Vous comprenez bien : la confiance, ça se donne, les yeux fermés, au moins au premier « round ».

Signification de cette carte dans votre tirage

Cette approche est confirmée par les travaux d'Anatol Rapoport, psychologue et mathématicien. Il nous confirme que la meilleure astuce pour sortir « gagnant » est de donner sa confiance, puis d'imiter notre interlocuteur. Vous connaissez le fameux « dilemme du prisonnier » ? Deux brigands sont arrêtées par la police, et mis dans deux salles différentes, de telle sorte qu'ils ne puissent communiquer entre eux. Quelle est la meilleure stratégie ? Trahir l'autre et remporter la mise (trahison) ? Ou bien que les deux se taisent (coopération) ? Étonnament, et de manière contre-intuitive, cette experience a été reproduite à très grande échelle grâce à l'intelligence artificielle. Et le résultat est toujours le même : il est toujours préférable de coopérer, alors que nous aurions naturellement davantage tendance à « trahir » l'autre, surtout en l'absence de communication possible. Cette carte dans votre tirage vous montre sans doute une voie : au-delà de tout ce que vous pouvez calculer, anticiper, prévoir, votre premier « effort » de bonne foi vous sauvera la mise.

Votre rapport à l'autre

Comme des vases communicants, la confiance que vous accordez à l'autre vous revient. C'est un phénomène étonnant, et pourtant. Savez-vous à quel point vous influencez la relation ? Cela porte un nom : c'est le syndrome Pygmalion. En effet, quelques phrases suffisent pour que vous influenciez l'état d'esprit de votre vis-à-vis. C'est ce que l'hypnose appelle les « inductions ». Tout en accordant votre confiance à l'autre pleinement dès le début, rien ne vous empêche de glisser quelques inductions. Par exemple, de nombreuses expériences en psychologie sociale ont démontré que dire à une personne « vous êtes bien aimable » conditionne déjà ses types de comportements ultérieurs...

62. Une relation sous influence

Signification de cette carte

De nombreuses expériences scientifiques connues démontrent que nous influençons en permanence la qualité de nos relations. Et cela fait réfléchir. L'effet Othello est un biais cognitif bien connu des enquêteurs : si vous êtes convaincu qu'une personne ment, vous allez voir apparaître dans sa dynamique corporelle des indices de culpabilité... alors même qu'elle dit la vérité ! L'effet Pygmalion est, quant à lui, bien connu des étudiants : séparez la salle en deux et dites au premier groupe qu'ils ont de la chance, leurs rats sont les plus intelligents. Dites à l'autre groupe qu'ils manquent de chance, leurs rats sont stupides. Le test du labyrinthe viendra davantage confirmer les croyances des étudiants que les capacités sportives des rats... Faites la même chose avec une classe d'enfants : cela s'appelle l'effet Golem.

Signification de cette carte dans votre tirage

Êtes-vous conscient de ce que vous renvoyez comme image ? Cette carte dans votre tirage vous invite à reconnaître d'où vous partez : quelles sont vos croyances, vos valeurs, vos intentions ? Les avez-vous clairement identifiées ? Quel est le bagage avec lequel vous êtes venu au monde ? Ces cartes ont été pensées pour que vous puissiez vous reconnaître ou découvrir certains archétypes de personnalité. Loin d'être périphérique, la question du « bagage au monde » vous montre que, sans en avoir conscience, vous posez déjà un cadre. Quelle(s) image(s) avez-vous de vos interlocuteurs ? Leur avez-vous laissé une chance d'être et d'exister autrement que selon vos a priori ? Mettre de côté ses convictions, n'est-ce pas laisser la vie nous surprendre ?

Votre rapport à l'autre

Vous l'avez sans doute compris, il est impossible de changer la personnalité des gens, il est difficile de les convaincre et de modifier leurs valeurs ; en revanche, il est plus simple de modifier leur comportement sur un instant bref. La psychologie sociale regorge de ces expériences amusantes qui permettent d'influencer votre vis-à-vis. Par exemple, un simple « parce que » bien placé augmente votre taux de réussite de 30 %. En 1977, la psychologue Ellen Langer a montré que faire suivre sa demande d'une explication permet d'obtenir gain de cause plus facilement. Au lieu de lui dire : « Une augmentation est-elle envisageable dans les prochains mois ? », choisissez plutôt : « Puis-je avoir une augmentation ?… parce que j'ai passé de nombreuses heures sur les derniers dossiers. »

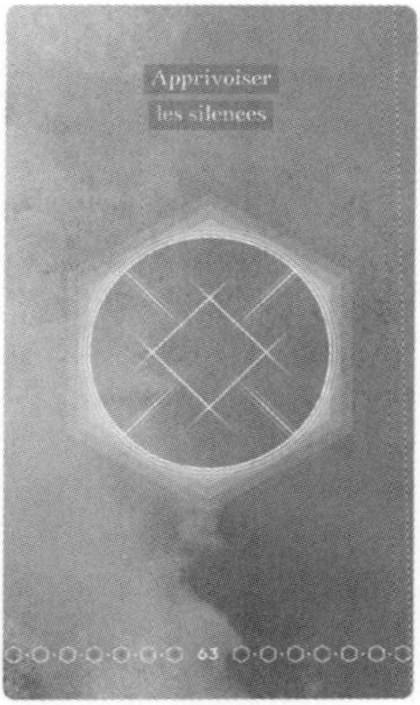

63. Apprivoiser les silences

Signification de cette carte

Vous pensez que les meilleurs négociateurs sont ceux qui ont la « tchatche » ? Au contraire, le silence est un atout remarquable. L'humain aurait-il peur du vide ? Une étude a démontré que les médecins interrompent leur patient en moyenne au bout de vingt-trois secondes de consultation. Soit trop rapidement... cela interfère dans la qualité des soins accordés par la suite. Le silence n'est pas un rien : il est un espace dans lequel l'autre peut se déployer. Les silences sont à la parole ce que les espaces sont à l'écrit. Imaginez si tous les mots de cette phrase étaient attachés les uns aux autres ? Contrairement à ce que l'on pense, savoir garder le silence est perçu comme un trait de personnalité positif et empathique, voire comme une marque d'attention.

Signification de cette carte dans votre tirage

Mis à part pour le sémiotype du Vigilant, il n'est pas simple d'être naturellement silencieux. Par rapport à la situation que vous traversez, sans doute que la bonne attitude à adopter est celle de la réserve. Ce n'est pas mourir ou ne pas exister que de ne pas parler, c'est aussi se permettre mutuellement un ressourcement. Êtes-vous capables de le faire ? Plus largement, cette posture est quasi spirituelle : c'est celle de la retraite. De quand date le dernier moment de recueillement que vous vous êtes accordé ? Le silence n'est pas forcément à destination de l'autre, il est un bien précieux pour soi également. Il est ce temps sans injonction et sans exigence. Le psychiatre Christophe André nous rappelle que le silence n'est pas une privation mais une révélation.

Votre rapport à l'autre

Écoutez cette légende. Chamberlain aurait nommé lord Halifax comme son successeur pour devenir le Premier ministre, tout en souhaitant que Churchill soit le numéro 2. Le lendemain, Churchill et Halifax se retrouvent dans le bureau de Chamberlain. Ce dernier commence : « Voulez-vous, je vous prie, confirmer à lord Halifax que vous acceptez d'entrer dans son cabinet ? » Churchill se tait. Une minute passe. Silence. Une minute et demie. Silence absolu. Avant que trois minutes se soient écoulées, lord Halifax craque : « Je crois que c'est Winston Churchill qui doit être Premier ministre. »

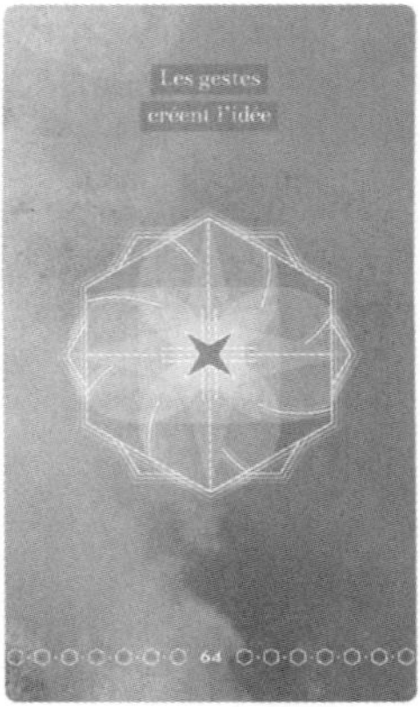

64. Les gestes créent l'idée

Signification de cette carte

Rien n'est plus stupide, comme le prétendent certains, de réduire le geste à sa portée « oratoire » ou « ornementale ». Des linguistes comme Geneviève Calbris ont démontré comment le geste est en lien avec l'activité cognitive de notre cerveau. Le geste est « idéatoire », c'est-à-dire qu'il permet aux idées de se développer dans le cerveau. Très concrètement, cela veut dire que si, pour une raison ou une autre, un orateur se retrouvait les mains attachées, au bout de plusieurs secondes, sa langue commencerait à fourcher, et il ne saurait plus très bien ce qu'il voudrait dire... Il aurait aussi du mal, physiologiquement et cognitivement, à s'exprimer. La relation entre le corps et l'esprit n'est pas si simple, ni si séparée que Descartes l'avait imaginé. Plus récemment, un philosophe comme Merleau-Ponty nous a montré comment le corps nous permet de percevoir le monde extérieur. C'est sa théorie du « schéma corporel » (embodied mind).

Signification de cette carte dans votre tirage

Seuls les gestes grandiloquents ou appris par cœur « pour faire bien sur scène » peuvent être qualifiés d'« ornementaux ». Tel homme politique prononce son discours la main sur le cœur, tel autre joue l'émotion de surprise sur de trop longues secondes, tel autre encore se veut accusateur l'index mollement pointé vers son contradicteur. Ces gestes-là sont comme des coquilles vides, destinés à impressionner, plus qu'à transmettre. Cette carte dans votre tirage vous invite peut-être à repenser votre rapport aux autres et à l'image que vous transmettez. Si la vie est un théâtre, comme le disait le sociologue Erving Goffman, quel rôle jouez-vous à la perfection ? Qu'attendez-vous de celui-ci ? En êtes-vous satisfait ? À l'inverse, quel est le rôle que vous vous refusez d'endosser ? Cette carte vous invite également à vous mettre en mouvement afin de favoriser votre créativité.

Votre rapport à l'autre

Le psychologue Geoffrey Beattie a démontré que des gestes figuratifs ou métaphoriques, c'est-à-dire qui décrivent l'objet avec les mains pendant que le locuteur en parle oralement, permettent une meilleure mémorisation du message. Par exemple, dire « petite bouteille » en mimant ce geste visuellement a plus d'impact. Cependant, les gestes qui sont feints et qui décrivent exagérément le discours, de manière non naturelle, et trop travaillée, parasitent la prise de parole. Ils sont toujours réalisés « en retard » ou de manière concomitante au discours oral. Le temps est donc l'une des données les plus pertinentes pour débusquer les mauvais jeux d'acteurs… Car le corps a toujours plusieurs secondes d'avance sur la pensée, et bien plus encore sur l'activité verbale.

65. Il n'existe pas 36 000 façons de se positionner

Signification de cette carte

Voici une autre belle idée reçue qui vient nous caresser dans le sens du poil : nous sommes des êtres très originaux et uniques. Ce n'est pas vraiment ce que montre une observation précise de nos comportements. On refuse souvent d'admettre que ces derniers sont à la fois stéréotypés et répétitifs. La philosophe allemande Hannah Arendt effectuait le distinguo entre la « bios », notre vie individuelle et biographique, et la « zoé », notre place au sein de l'espèce humaine de manière générale, motivée par des considérations plus primitives. C'est sans doute ce dernier système qui nous gouverne davantage... Il n'existe pas 36 000 façons de se positionner les uns par rapport aux autres, dans ce jeu. D'ailleurs, j'en ai dénombré 14 qui sont les archétypes majeurs activés dans un cadre relationnel.

Signification de cette carte dans votre tirage

Comme le développe le médecin Jacques Fradin, « la situation de groupe révèle immanquablement notre propension naturelle à nous positionner au sein d'un groupe [...] indépendamment de nos motivations, de nos compétences ou de notre fonction professionnelle [...] et détermine largement notre relation de force dans le groupe, notre position dans la hiérarchie du pouvoir animal, celui de la force physique et mentale ». Bien que la nature humaine soit complexe, nos personnalités, elles, correspondent à des traits davantage stéréotypés, en amont des valeurs transmises par nos référents ou la société. Ces traits se lovent dans les territoires paléo-limbiques de votre cerveau. Cette carte dans votre tirage vous interpelle sur la partie animale qui réside en vous : comment s'exprime-t-elle ?

Votre rapport à l'autre

La théorie développée par Fradin est intéressante, car elle va jusqu'à supposer que notre positionnement social se met en place très tôt dans le développement du nourrisson... voire avant sa naissance ! Par exemple, être mâle ou femelle alpha, cela se décide avant même votre venue au monde. C'est une sorte de « ligne de consigne » distribuée à l'échelle de la grande espèce humaine. Pas toujours facile à vivre à l'échelle des individus... ou de leur entourage. Certaines études montrent que dans le ventre d'une maman attendant des jumeaux, il y en a toujours un qui occupe plus le territoire que l'autre : cet accord est non verbal, non culturel et tacite. Le « sémio-type » naturel de ses interlocuteurs se repère par la répétition des gestes observés dans différentes situations.

66. L'autre, un emmerdeur ?

Signification de cette carte

« L'enfer, c'est les autres » : n'est-ce pas l'une des phrases les plus réalistes du répertoire théâtral français ? Jean-François Dortier nous fait remarquer que « s'il existe des formes d'intelligence multiples [...] il doit y avoir aussi une belle variété de conneries » (*Psychologie de la connerie*). Et en effet, les tocards qui vous jugent à l'emporte-pièce, les abrutis de mauvaise foi, les enfoirés qui ne se remettent jamais en cause, ce n'est pas ça qui manque ! Soyons honnêtes et lucides. Et pour certaines personnes, c'est peine perdue. Pour d'autres, ça vaut peut-être la peine de faire le « pas de côté ». Se rappeler que notre rapport à la réalité est composé de « filtres » : LA réalité n'existe pas. Chacun vit ses expériences (au niveau de son territoire) à partir de projections, croyances et certitudes (au niveau de la carte). Et comme nous le rappelle la PNL, « la carte n'est pas le territoire ».

Signification de cette carte dans votre tirage

Y a-t-il un portrait-robot de l'emmerdeur ? Il y a quelques années, j'étais dans la rue avec mon père, nous attendions sur le trottoir que le feu passe au vert pour les piétons, afin de pouvoir traverser. Il y avait des poteaux autour de nous, de sorte que l'espace était assez réduit. Un motard arrive à notre niveau, pour monter sur le trottoir. Mon père refuse de bouger, il n'en avait de toute façon pas trop la place. Le motard accélère plusieurs fois. Rien n'y fait. Il se retourne vers son passager à l'arrière pour lui dire : « Attends, y a un connard qui ne veut pas me laisser passer. » Et mon père de répondre : « Eh ben, toi, t'es un autre connard, mais sur sa moto. » Le feu pour les piétons est passé au vert, nous sommes partis. Fin de la discussion. C'était assez cocasse. Cette carte dans votre tirage attire votre attention sur le fait que l'on est toujours le connard ou la connasse de quelqu'un d'autre…

Votre rapport à l'autre

Comme nous le rappelle Christophe André : « L'humain est un animal social. Il ne doit sa survie puis son succès, qu'à sa capacité à vivre et à travailler en bandes, en troupeaux, en tribus (...) Nous étions biologiquement mal armés. Alors, nous nous sommes assemblés... L'union fit la force : les plus hargneux réglaient leurs comptes aux animaux et aux ennemis, les plus méfiants surveillaient et donnaient l'alarme, les plus comédiens faisaient le spectacle de la veillée, les plus grognons repéraient tout de suite les défauts de la nouvelle grotte et incitaient à en chercher une autre, et ainsi de suite, chacun jouant sa partition au service du groupe » (*Je résiste aux personnalités toxiques*). Vous remarquerez comment cette citation illustre parfaitement les quatre sémiotypes de base : Syntonique, Conquérant, Vigilant et Pragmatique.

67. On peut facilement convaincre les gens

Signification de cette carte

3 % : c'est en moyenne le pourcentage de personnes qui changent d'avis à la suite d'un exposé d'opinions (débats, réseaux sociaux, etc.). C'est très peu ! Mais ça se comprend : les zones de notre cerveau associées à la stabilité de nos valeurs, de nos convictions et de nos croyances sont dans les territoires les plus enfouis et archaïques de notre cerveau. Donc, on ne les modifie pas d'un claquement de doigts. Cependant, les dernières découvertes du psychologue et économiste Daniel Kahneman, prix Nobel de 2002, nous apprennent beaucoup.

C'est le « Système 1 » inconscient et émotionnel qui a davantage la main sur nos prises de décision. Contrairement à ce que l'on pense, notre « Système 2 », conscient et rationnel, a peu de prise sur nos choix volontaires.

Signification de cette carte dans votre tirage

Et vous, changez-vous facilement d'avis ? Le voyez-vous comme une faiblesse ou comme une preuve d'adaptabilité ? Et dans une situation de débat ou d'échanges d'idées, essayez-vous d'imposer votre point de vue, coûte que coûte ? Vous l'avez compris, c'est peine perdue... Cette carte dans votre tirage vous encourage à poser votre attention et concentrer vos intentions sur autre chose que le point de vue de vos alter ego ! En les laissant ancrés dans leurs certitudes, vous vous offrez un bol d'oxygène. Faites autre chose. Toutefois, si cela est trop important pour vous, lisez la suite.

Votre rapport à l'autre

Comment parler davantage au « Système 1 » de votre interlocuteur ? Les hypnotiseurs le connaissent bien : il ne comprend pas la négation (« ne pensez pas à un éléphant »), il est réceptif aux demandes d'actions claires (ex. : « dors »), il aime être rassuré (« voilà, exactement comme cela, bravo »), il faut lui parler « ici » et « maintenant » de manière claire et concise.

Il est également très sensible à la notion de liberté (« vous êtes libre de »). L'identité sociale est un autre marqueur important pour lui (si l'autre l'a fait, alors moi aussi, surtout s'il est de ma « tribu »). Et bien sûr, les images, métaphores et symboles sollicitent ses capacités associatives. Par exemple, les motifs présents sur les cartes de ce coffret constituent une grammaire spécifique auquel votre « Système 1 » se montre sensible.

68. L'absence d'authenticité a un coût majeur

Signification de cette carte

La question de l'authenticité n'est pas à traiter sous un angle purement psychologique et social. Dans *La Société de défiance*, les économistes Yann Algan et Pierre Cahuc montrent que les structures hiérarchiques pyramidales favorisent mal les échanges et relations de confiance. Ces résultats s'inscrivent dans la lignée de Kenneth Arrow, prix Nobel d'économie en 1972 pour avoir souligné les dynamiques sous-jacentes à l'appauvrissement des nations. Il déclarait ainsi : « Tout échange, toute activité économique nécessite une relation de confiance de telle sorte que les retards économiques des pays peuvent s'expliquer par les relations de défiance. » La nature relationnelle entre les individus a donc une incidence à une échelle globale et macroscopique.

Signification de cette carte dans votre tirage

Le manque d'authenticité a donc un coût. Une question se pose : lorsque vous incarnez l'une des figures archétypiques de ce jeu, êtes-vous inauthentique ? Si l'on considère le point de vue développé par le philosophe Husserl, l'authenticité est une pensée immédiate, comme le sont les croyances et voix intérieures du Conquérant ou du Vigilant, par exemple. Pourtant, la définition proposée par Jean-Paul Sartre est un peu différente : être authentique, c'est davantage qu'être vrai (*Cahiers pour une morale*). L'authenticité est un choix, chaque homme est libre, à chaque instant, de se définir par ses choix et par ses actes. Pour le philosophe français, l'authenticité n'est pas un bien acquis mais une démarche active. Cette carte dans votre tirage interroge votre rapport fondamental à l'authenticité : est-elle choisie ?

Votre rapport à l'autre

L'authenticité peut se concevoir comme un processus pédagogique, un travail de coconstruction, un parcours initiatique. Mais après tout... A-t-on toujours besoin d'être en « amélioration »,

« en construction », « en développement » ? Et si vos interlocuteurs étaient seulement là pour vous révéler à une partie de vous-même ? Comme une sorte de jeu de miroir, ils mettraient en évidence ce que vous ne voyez pas encore en vous. Dès lors, l'authenticité devient moins une problématique philosophique ou morale, juste une simple expérience à vivre. Ou pas. Dans tous les cas, les gestes d'auto-contact plutôt brefs, les clignements de paupières, des gestes rythmés, des mouvements inattendus sont plutôt des marqueurs corporels d'authenticité.

69. Chouette, un conflit !

Signification de cette carte

Le conflit a un coût psychologique, social et économique très important. C'est un gouffre. Pourtant, l'approche des Drs Ralph Kilmann et Kenneth Thomas apporte un angle différent. Les besoins et désirs étant différents d'un individu à l'autre, le conflit est une part naturelle de nos interactions sociales. C'est un inévitable. Et il est naturel. Et chacun y réagit avec son propre style (ou sémiotype). Il peut se définir comme une situation durant laquelle les préoccupations de deux personnes apparaissent incompatibles.

Nous associons donc le plus souvent le conflit à des connotations négatives. Mais saviez-vous qu'il peut être une ressource ?

Signification de cette carte dans votre tirage

Premièrement, le conflit peut être vu comme un « feed-back » sur une situation vécue précise. Il vous oblige à vous interroger et à interpréter la situation. Il vous informe du désaccord de votre interlocuteur. Deuxièmement, est-il impertinent de dire que le conflit est en soi résolutoire ? En effet, le conflit modifie forcément la situation dans laquelle vous vous trouvez. Il vous oblige à accepter le mouvement. Troisièmement, on le sait peu mais tout conflit surmonté augmente très fortement la loyauté entre les anciens rivaux. Lorsqu'un conflit est surmonté, la qualité relationnelle augmente fortement. Cette carte dans votre tirage vous invite à vous arrêter quelques instants sur vos préjugés concernant le conflit : est-ce si grave ?

Votre rapport à l'autre

Le conflit sous sa forme la plus visible renvoie aux items de la conquérance, voire de l'agressivité. Voici ce que vous pourriez observer chez l'autre : des dents plus visibles et une mâchoire tendue (pour mordre), une ride du lion plus accentuée (pour impressionner), des narines dilatées (pour laisser passer plus d'air en cas d'action), un regard fixe (prêt à attaquer sa proie), des gestes brusques et des mains menaçantes (pour évacuer l'afflux de testostérone). Mais le conflit est parfois, pour ne pas dire souvent, lové dans les formes les plus insignifiantes du non-verbal : des lèvres pincées, une tête baissée, une parole qui dit « oui » pour dire « non » par la suite. Ce sont les prémices... Au moins, avec un conflit clairement exprimé, vous savez à quoi vous en tenir !

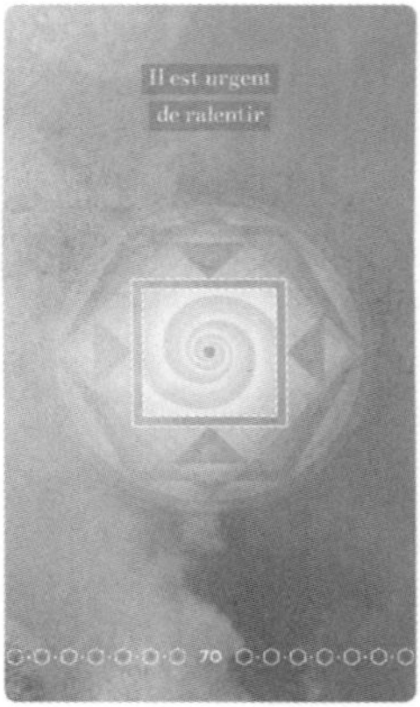

70. Il est urgent de ralentir

Signification de cette carte

Cette carte est la dernière. Volontairement positionnée en clôture, la dimension « temporelle » est ici évoquée, car elle est centrale dans les interactions sociales. En situation de négociation, c'est l'une des données les plus impactantes. Lorsque vous faites collaborer un groupe d'individus entre eux, sur un exercice en particulier, il vous suffit de changer la consigne de temps en cours de route et de manière imprévue (« finalement il ne vous reste que cinq minutes »), pour les plonger dans un stress immédiat. Dans le cadre du décryptage corporel, le temps a une incidence particulière sur notre ressenti : selon les émotions que nous percevons, le rythme de notre horloge interne se modifie.

Signification de cette carte dans votre tirage

Comme le rappelle le psychiatre Christophe André, notre esprit est capable de vagabonder dans le temps. Il se projette facilement dans le futur. Il ressasse facilement les événements passés. Notre corps, lui, est toujours dans l'instantanéité du moment vécu. C'est pour cela que les exercices de méditation passent davantage par le corps (le souffle) et non par le mental (le raisonnement). En situation de négociation, celui qui a le temps de son côté est en position de force. Prenez-vous en compte ce critère de manière suffisante ? Cette carte dans votre tirage vient interroger votre rapport au temps : votre impatience vous empêche-t-elle de savourer le moment présent ? Au contraire, préféreriez-vous que le temps se fige ? Connaissez-vous le principe de « rétrocausalité » ? Ce serait notre futur qui influencerait notre présent...

Votre rapport à l'autre

La colère et la peur sont les deux émotions qui accélèrent fortement notre perception du temps. Pourquoi ? La libération d'une plus grande quantité de dopamine dans notre cerveau explique cette distorsion. Cette hormone apparaît dans un réflexe d'adaptation de l'organisme face à son environnement, surtout s'il y a danger immédiat. Un stimulus menaçant déclenche automatiquement une cascade de réactions physiologiques observables : les pupilles se dilatent, le cœur s'accélère, la pression artérielle augmente le rosissement du visage, les muscles se contractent. En tous les cas vous le voyez, le temps, lui aussi, est une question de perception. Face à un interlocuteur qui se montrerait trop impatient, ou trop pressé, vous pouvez tester la cohérence cardiaque. C'est une technique de respiration, plus profonde et plus lente (5 à 6 inspirations / expirations par minute). Non seulement vous réduisez votre stress (baisse du cortisol) et votre cholestérol, et vous augmentez votre taux de DHEA (l'hormone de jeunesse) et vos ondes alpha cérébrales. Or les études démontrent que cet état de cohérence cardiaque est positivement contagieux pour l'entourage.

BIBLIOGRAPHIE

Sur les émotions, « le body language » et le comportemental

Unmasking the Face: a Guide to Recognizing Emotions from Facial Expressions, Paul Ekman & Wallace V. Friesen, Malor Books, 2003.

Le Langage universel du corps, Philippe Turchet, Éditions de l'Homme, 2013.

Psychologie du menteur, Claudine Biland, Odile Jacob, 2004.

Detecting deception, Aldert Vrij, Wiley, 2008.

Rethinking body language, Geoffroy Beattie, Routledge, 2016.

L'Expression gestuelle de la pensée politique, Geneviève Calbris, CNRS Éditions, 2003.

La Dimension cachée, Edward T. Hall, Le Seuil, 2014.

La Clé des gestes, Desmond Morris, Grasset, 1979.

Le Singe nu, Desmond Morris, Grasset, 1988.

The Physical Basis of emotion, William James, 1re édition, 1894, format Kindle.

Sur les mots, la linguistique et les symboles

La Guerre des mots ou comment contrer le discours des conservateurs, George Lakoff, Les Petites Mains, 2015.

Les Métaphores dans la vie quotidienne, George Lakoff & Mark Johanson, Éditions de Minuit, 1986.

La Mise en scène de la vie quotidienne, Erving Goffman, Éditions de Minuit, 1973.

La Structure de la magie, tomes I & 2, Richard Bandler & John Grinder, InterÉditions, réédition de 2015.

L'Espèce fabulatrice, Nancy Huston, Actes Sud, 2010.

Quand dire, c'est faire, John Austin, Points Essais, 1991.

Sémantique structurale, Algirdas Greimas, PUF, réédition 2002.

Le Héros aux mille visages, Joseph Campbell, J'ai Lu, réédition 2013.

Le Pouvoir du symbole, Mireille Rosselet-Capt, Éditions Jouvence, 2019.

Phénoménologie de la perception, Maurice Merleau-Ponty, Gallimard Tel, 1976.

Système 1 / Système 2, Daniel Kahneman, Flammarion, 2012.

Sur la psychologie, la personnalité et la persuasion

Psychologie de la communication, Jean-Claude Abric, Dunod, 2012.

Éloge de la fuite, Henri Laborit, Folio, 1985.

Spinoza avait raison, le cerveau de la tristesse, de la joie et des émotions, Antonio Damasio, Odile Jacob, 2003.

L'Ordre étrange des choses. La vie, les sentiments et la fabrique de la culture, Antonio Damasio, Odile Jacob, 2017.

La Thérapie neurocognitive et comportementale. Prise en charge neurocomportementale des troubles psychologiques et psychiatriques, Jacques Fradin & Camille Lefrançois, De Boeck Supérieur, 2014.

Manager selon les personnalités, les neurosciences au secours de la motivation, Jacques Fradin & Frédéric Le Moullec, Eyrolles, 2014.

« Enveloppes toniques primitives et organisation de la personnalité », Suzanne Robert-Ouvray, discours du 2 juillet 2010 au Collège de France.

Conflict Mode Instrument, Kenneth Thomas & Ralph Kilmann, 1974.

Influence & manipulation, comprendre et maîtriser les mécanismes et les techniques de persuasion, Robert Cialdini, First, 2004.

Petit traité de manipulation à l'usage des honnêtes gens, Beauvois & Joule, PUG, réédition 2014.

Why we aren't saving the planet ?, Geoffrey Beattie, Routledge, 2010.

Climate change, Geoffrey Beattie, Routledge, 2019.

The Conflicted Mind, Geoffrey Beattie, Routledge, 2018.

Histoire de la psychiatrie avant la folie, Boris Cyrulnik & Patrick Lemoine, Odile Jacob, 2018.

Je résiste aux personnalités toxiques, Christophe André & Muzo, Points, 2011.

Que dites-vous après avoir dit bonjour ?, Éric Berne, Broché, 2013.

Analyse transactionnelle et psychothérapie, Éric Berne, Petite bibliothèque Payot, réédition 2016

Sur la connerie et le mensonge

Psychologie de la connerie, collectif sous la direction de Jean-François Marmion, Sciences Humaines, 2018.

The Subtle Art of Not Giving a Fuck, Mark Manson, Unseemly Press, 2018.

Psychologie du menteur, Claudine Biland, Odile Jacob, 2004

Sur la quantique, la philosophie et la psychanalyse

Des Noms-du-père, Jacques Lacan, Le Seuil, réédition 2005.

Ma vie, Carl Gustav Jung, Folio, réédition 1991.

The Red Book, Carl Gustav Jung, réédition 2009.

Synchronicité, Massimo Teodorani, Macro Éditions, 2010.

Le Pic de l'esprit, Philippe Guillemant, Guy Trédaniel, 2017.

La Route du temps, Philippe Guillemant, Le temps présent, 2014.

Se souvenir du futur, Romuald Leterrier & Jocelin Morisson, Guy Trédaniel, 2019.

La Société de défiance, Yann Algan & Pierre Cahuc, CEPREMAP, 2016.

Cahiers pour une morale, Jean-Paul Sartre, Gallimard NRF, 1983.

L'Homme révolté, Albert Camus, Folio Essais, 1985.

RESSOURCES VISUELLES

« Fake it till you make it », Amy Cuddy : https://www.youtube.com/watch?v=RVmMeMcGc0Y

« Your body language may shape who you are », Amy Cuddy : https://www.ted.com/talks/amy_cuddy_your_body_language_shapes_who_you_are/discussion?nolanguage=enhttp%3A

The Great Ape Dictionary, Université de St Andrews en Angleterre : http://greatapedictionary.ac.uk

Thomas Pesquet : objectif Mars, réalisateurs Alain Tixier et Vincent Perazio

« Benalla, “petits chefs” : l’ivresse du pouvoir », Complément d’enquête : https://www.france.tv/france-2/complement-d-enquete/713685-benalla-petits-chefs-l-ivresse-du-pouvoir.html

Vidéo explicative et universitaire sur le « dilemme du prisonnier » : https://www.canal-u.tv/video/canal_aunege/le_dilemme_du_prisonnier.11748

Tout savoir sur la cohérence cardiaque : https://www.mental-waves.com/tout-savoir-sur-la-coherence-cardiaque/

À PROPOS DE L'AUTEURE

Élodie Mielczareck est sémiologue. Après un double cursus universitaire en lettres et linguistique, elle s'est spécialisée dans le langage et « body language ». Également formée en neurocognitivisme et en hypnose, Élodie Mielczareck est conférencière sur le thème du non-verbal et de l'intelligence relationnelle. Elle conseille également les dirigeants d'entreprise et accompagne certaines agences de communication et relations publiques internationales, notamment sur la question de la « raison d'être » (« *purpose* » et « *mission statement* »). Régulièrement sollicitée par les médias, elle décrypte les tendances sociétales de fond, ainsi que les dynamiques comportementales de nos représentants politiques. Elle est l'auteure de *Déjouez les manipulateurs* (éditions Nouveau Monde, 2016) et de *La Stratégie du caméléon* (Cherche Midi, 2019).

À PROPOS DE L'ILLUSTRATRICE

Anne-Flore Cabouat est directrice artistique et co-fondatrice du Studio émergence. Elle se définit comme designer d'information et travaille au quotidien à la conception de supports pédagogiques. Passionnée par la création de systèmes et langages graphiques complexes, elle s'attache à dégager l'essence des concepts pour en faire émerger les représentations visuelles.